Stricken für die Kleinsten

Fiona McTague

Stricken für die Kleinsten

Neue Ideen für Lisa und Max

Bechtermünz

Für Lucy und Molly

Titel der Originalausgabe
Knits for Babies und Toddlers
Zuerst veröffentlicht 2000 in Großbritannien
von New Holland Publishers (UK) Ltd.
Garfield House
86 - 88 Edgware Road
London W2 2EA

Lektorat und Redaktion: Rosemary Wilkinson
Layout und Design: Frances de Rees
Illustrationen: Moira McTague
Strickschriften: Carrie Hill
Kontrolle der Strickmuster: Sue Whiting

Deutsche Erstausgabe

Koordination und Bearbeitung der deutschen Ausgabe:
Maasburg GmbH, München
Übersetzung: Marion Driessen, Rosemarie Kaufmann
und Helene Weinold-Leipold
Redaktion: Helene Weinold-Leipold, Aystetten
Umschlaggestaltung: Büro Lehmacher, Friedberg (Bayern)
Gesamtherstellung: Tien Wah Press (Pte), Singapore

Printed in Singapore

ISBN 3-8289-2391-7

INHALT

EINFÜHRUNG

Jedes Baby, jedes Kleinkind ist ein ganz eigenes Wesen, und beim Entwerfen der Modelle für dieses Buch hatte ich stets diese Einzigartigkeit im Kopf. Ich hoffe, dass es Ihnen Freude macht, die Stricksachen nachzuarbeiten, zu verschenken und – ganz besonders – geschenkt zu bekommen. Vielleicht wird dieses Geschenk zu einem Familienerbstück, das von Generation zu Generation weitergegeben wird. Die Hasenfamilie (Seite 120 ff.) die ich zur Begrüßung eines neuen Erdenbürgers gestrickt habe, spricht ganz bestimmt alle Altersgruppen an, und das Wickeljäckchen (Seite 96 ff.) oder die Decke mit Lochmuster (Seite 104 ff.) erinnern an ein ganz besonderes Ereignis, etwa an eine Taufe.

Die verschiedenen Vorschläge reichen von ganz einfach zu strickenden Modellen für Anfänger bis zu anspruchsvolleren Entwürfen für erfahrenere Strickerinnen. So gelingt der kraus gestrickte Pullover mit Mütze und Schühchen auch Einsteigern garantiert, während das Twinset mit Norwegermuster (Seite 68 ff.) eine Herausforderung für Geübte darstellt.

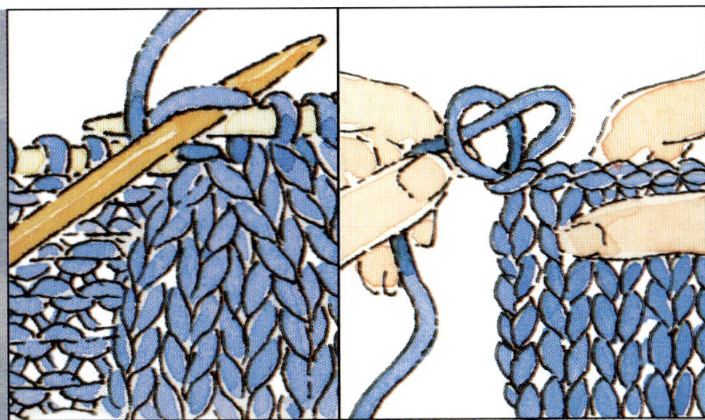

Bei jedem Modell finden Sie eine leicht verständliche, ausführliche Anleitung – gegebenenfalls mit Strickschriften oder Zählmustern – sowie farbige Abbildungen der fertigen Arbeit. In einem eigenen Kapitel sind alle Informationen über grundlegende Stricktechniken für Anfänger zusammengefasst. Mit ein wenig Erfahrung können Sie die Modelle abwandeln, um ihnen eine persönliche Note zu verleihen.

Das Spektrum der Muster reicht von ganz einfachen Streifen- und Strukturmustern bis zu Ajour- und mehrfarbigen Einstrickmustern. Zu allen Modellen sind die genauen Größen und Maße angegeben, sodass Sie jeweils die passende Größe auswählen können. Und weil die Kleidungsstücke und Accessoires speziell für Kinder entworfen wurden, sind sie besonders bequem und pflegeleicht. Es hat Spaß gemacht, jedes Einzelne davon zu gestalten, und ich hoffe, Sie haben ebenso viel Freude am Nacharbeiten.

Auf ein fröhliches Stricken!

STRICKTECHNIKEN

VORBEREITUNG

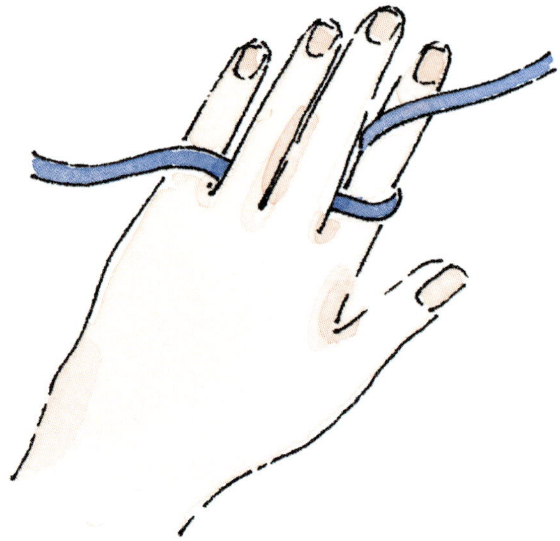

Vor dem Anschlag

Bevor Sie Maschen anschlagen, müssen Sie lernen, Garn und Nadeln richtig zu halten. Das ist sehr wichtig, weil davon die Festigkeit der fertigen Arbeit abhängt.

So halten Sie das Garn

Der Arbeitsfaden des Strickgarns, der vom Knäuel kommt, wird in der linken Hand gehalten. Er läuft von oben zwischen kleinem Finger und Ringfinger zur Handfläche, wird unter Ring- und Mittelfinger entlanggeführt und kommt vor dem Zeigefinger wieder nach oben. Dann wird er eineinhalbmal um den Zeigefinger gewickelt. Dadurch halten Sie ihn stets in der richtigen Spannung für ein gleichmäßiges Maschenbild.

So halten Sie die Nadeln

Die rechte Nadel liegt unter den Fingern der rechten Hand und wird von Daumen und Zeigefinger gehalten. Die Strickarbeit hängt unter der Handfläche herab.
Die linke Nadel wird von Daumen und Mittelfinger der linken Hand gehalten und mit Ringfinger und kleinem Finger zusätzlich gestützt. Um den gestreckten Zeigefinger läuft das Garn (siehe oben).

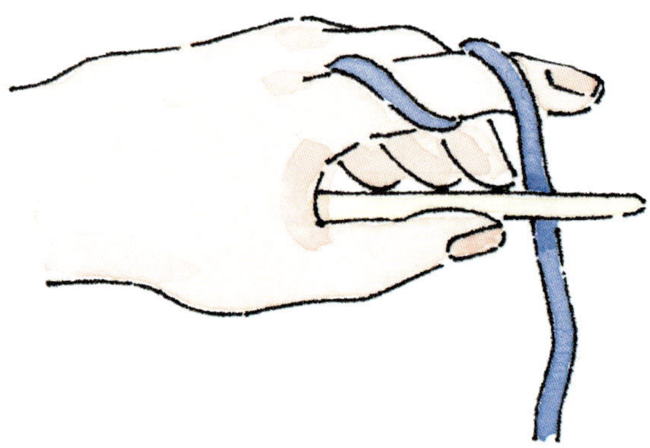

Tipp für Linkshänder

Nach den Anleitungen für Rechtshänder zu stricken ist für Linkshänder oft verwirrend. Halten Sie die Grafiken zum Maschenanschlag und zu den Grundmaschen einfach vor einen Spiegel, und folgen Sie den Anleitungen, indem Sie die Angaben für linke und rechte Hand vertauschen. Der Arbeitsfaden läuft in diesem Fall über die Finger der rechten Hand.

MASCHENANSCHLAG

Es gibt verschiedene Methoden, Maschen anzuschlagen. Am gebräuchlichsten ist der Kreuzanschlag.

1. Legen Sie den Faden mindestens 1 m vom Ende entfernt um die Finger der linken Hand (siehe Seite 8), und schlingen Sie ihn von vorne nach hinten einmal um den Daumen. Halten Sie das Ende zwischen Mittel- und Ringfinger oder zwischen Ringfinger und kleinem Finger.

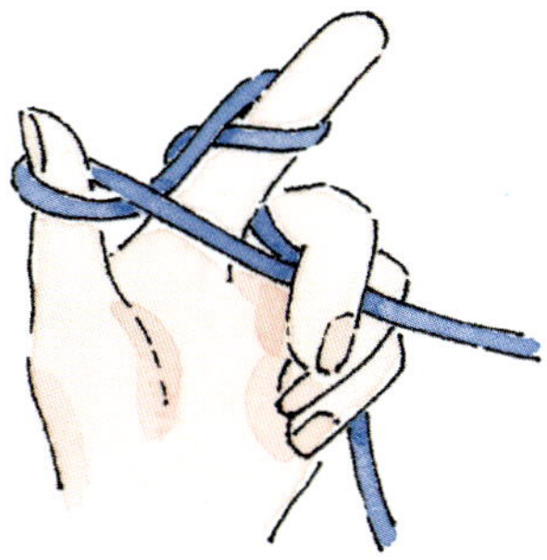

2. Stechen Sie zwei parallel gelegte Stricknadeln von unten in die Daumenschlinge ein und nehmen Sie mit den Nadelspitzen von vorn nach hinten den Faden auf, der zwischen Daumen und Zeigefinger verläuft.

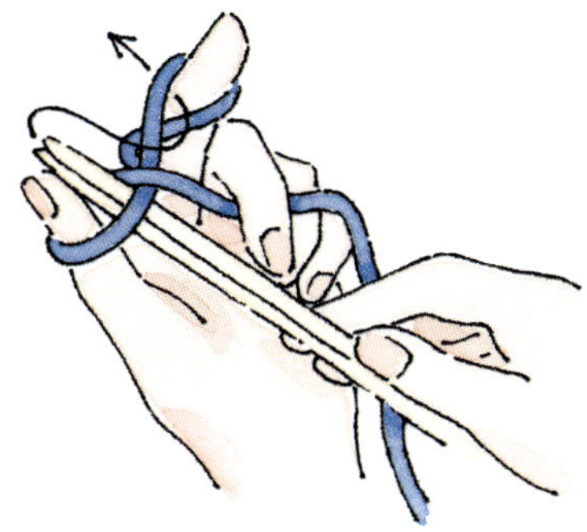

3. Ziehen Sie den Faden durch die Daumenschlinge und lassen Sie diese Schlinge vom Daumen gleiten.

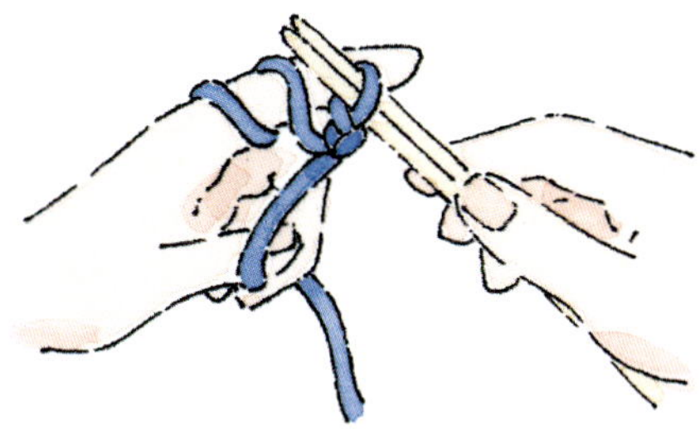

4. Nehmen Sie mit dem Daumen das kürzere Fadenende wieder auf und schlingen Sie es wie vorher um den Daumen. Dabei zieht sich die erste Masche zusammen.
Stechen Sie von unten in die neue Daumenschlinge ein, wie unter Schritt 2 beschrieben, und bilden Sie eine weitere Masche.

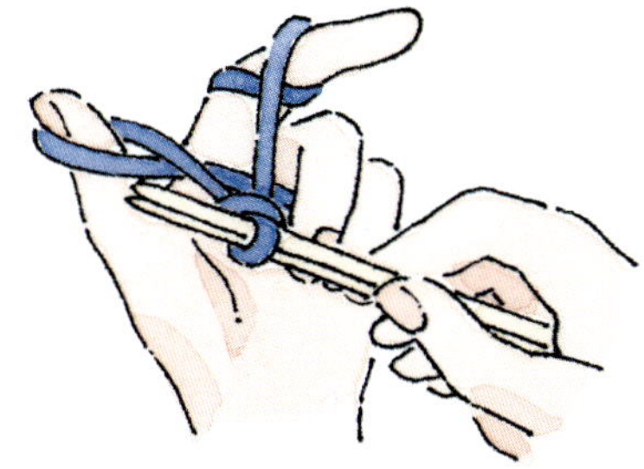

5. Wiederholen Sie Schritt 4, bis die benötigte Maschenzahl angeschlagen ist.
Bevor Sie mit dem Stricken der ersten Reihe oder Runde beginnen, ziehen Sie eine der beiden Nadeln aus den Anschlagmaschen heraus. Durch das Anschlagen mit zwei Nadeln bleibt der Anschlagrand elastisch.

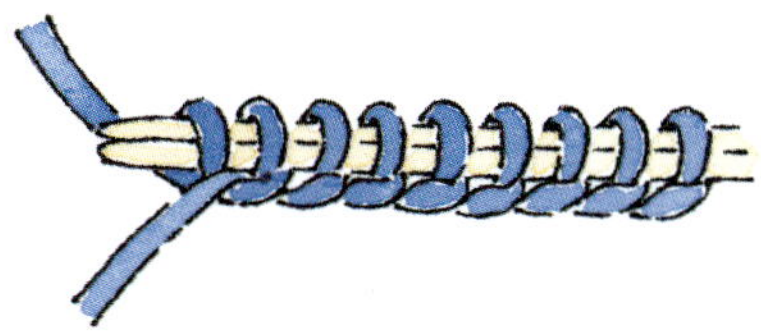

GRUNDMASCHEN

Alle Strickmuster, selbst die kompliziertesten, setzen sich aus rechten und linken Maschen zusammen.

Rechte Maschen

1. Der Faden liegt hinter der Arbeit. Stechen Sie mit der rechten Nadel vorne von links nach rechts in die erste Masche auf der linken Nadel ein.

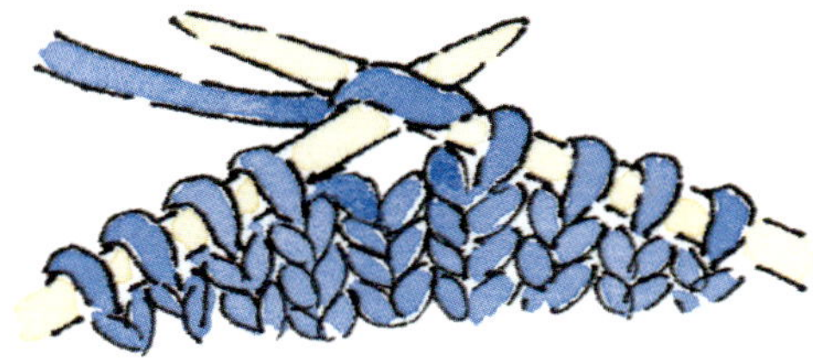

2. Legen Sie den Faden um die rechte Nadel.

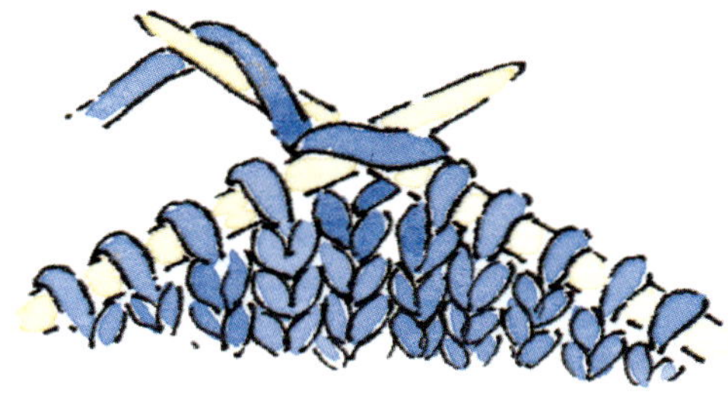

3. Ziehen Sie ihn als Schlinge durch die Masche auf der linken Nadel.

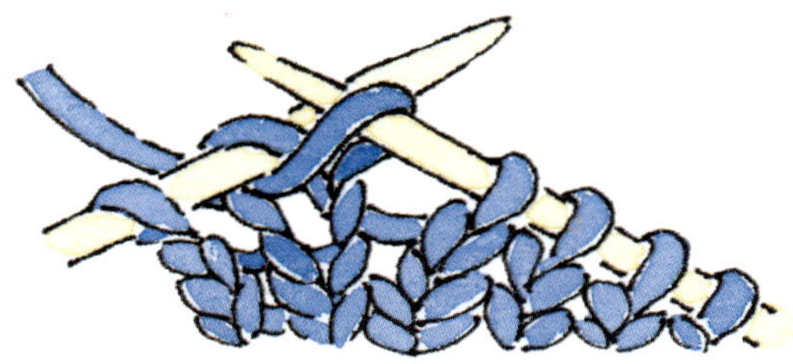

4. Lassen Sie die abgestrickte Masche von der linken Nadel gleiten, und wiederholen Sie diesen Vorgang, bis alle Maschen von der linken auf die rechte Nadel abgestrickt sind.

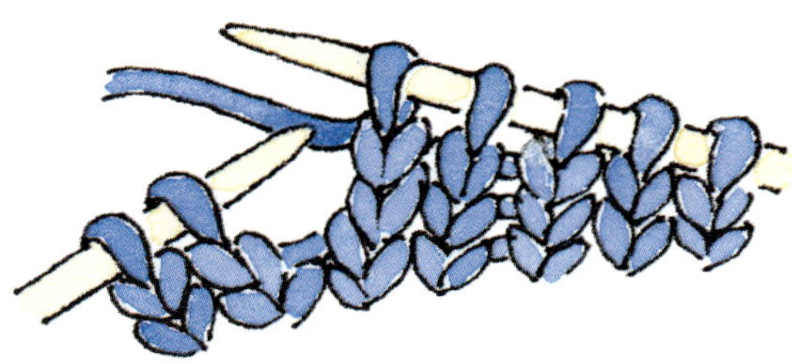

Beim Stricken in Reihen wenden Sie nun die Arbeit, nehmen die Nadel mit den Maschen in die linke Hand und stricken die nächste Reihe entsprechend der Anleitung.

Linke Maschen

1. Der Faden liegt vor der Arbeit. Stechen Sie mit der rechten Nadel von rechts nach links in die erste Masche auf der linken Nadel ein.

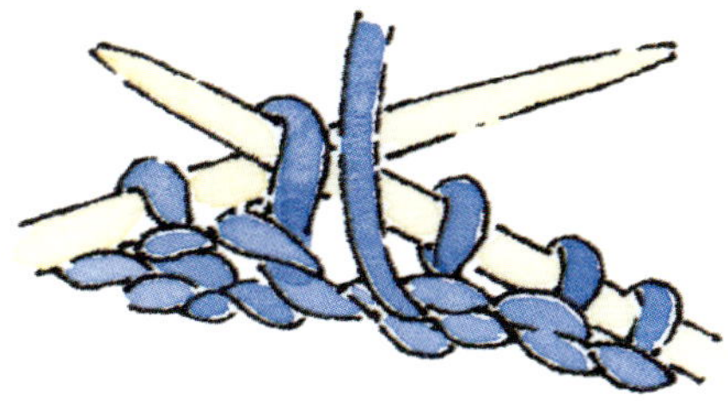

2. Legen Sie den Faden um die rechte Nadel.

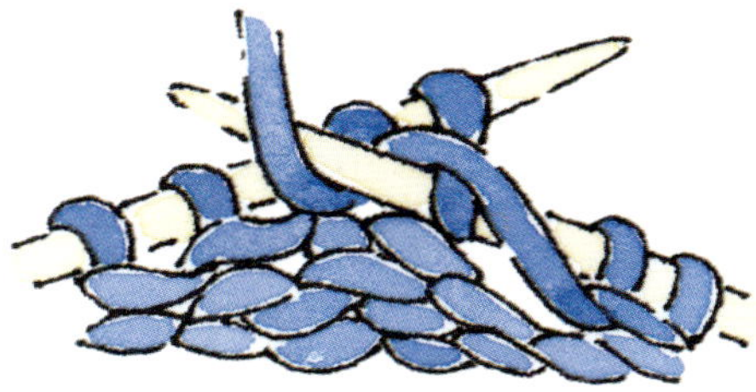

3. Ziehen Sie ihn als Schlinge durch die Masche auf der linken Nadel.

4. Lassen Sie die abgestrickte Masche von der linken Nadel gleiten und wiederholen Sie Schritt 1 bis 4, bis alle Maschen von der linken auf die rechte Nadel abgestrickt sind.

Beim Stricken in Reihen wenden Sie nun die Arbeit, nehmen die Nadel mit den Maschen in die linke Hand und stricken die nächste Reihe entsprechend der Anleitung.

ABKETTEN

Die Maschen sollten so abgekettet werden, wie sie erscheinen – also rechte Maschen rechts, linke Maschen links. Achten Sie auch darauf, den Faden nicht zu stark anzuziehen. Ein allzu fester Abkettrand lässt das Gestrick Falten werfen und ist außerdem unbequem.

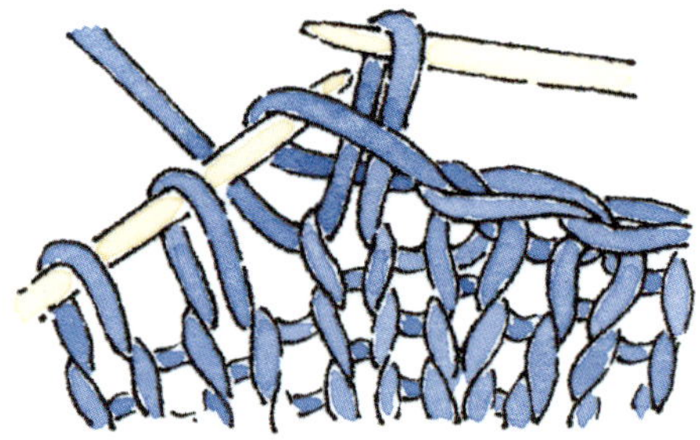

1. Beim Abketten von rechten Maschen stricken Sie die beiden ersten Maschen wie gewohnt rechts. Dann ziehen Sie mit der linken Nadel die erste über die zweite Masche und lassen sie von der Nadel gleiten. Stricken Sie die nächste Masche rechts und ziehen Sie die vorhergehende Masche darüber, wie oben beschrieben.

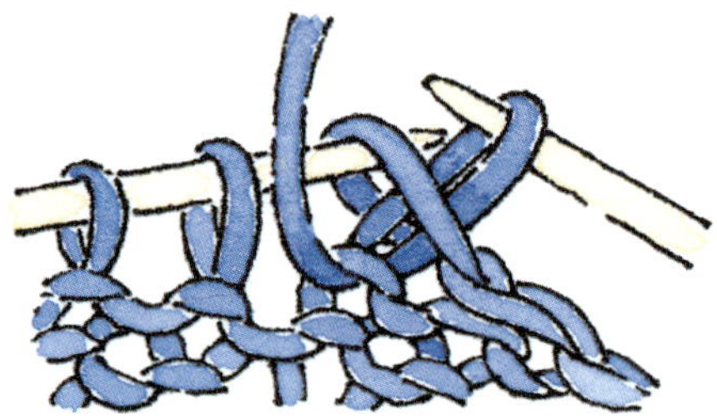

2. Beim Abketten von linken Maschen verfahren Sie genauso, stricken jedoch die Maschen vor dem Überziehen links ab.

Wenn in einem Muster abwechselnd rechte und linke Maschen auftauchen, ketten Sie jede Masche so ab, wie sie in der vorhergehenden Reihe erscheint.

ZUNAHMEN

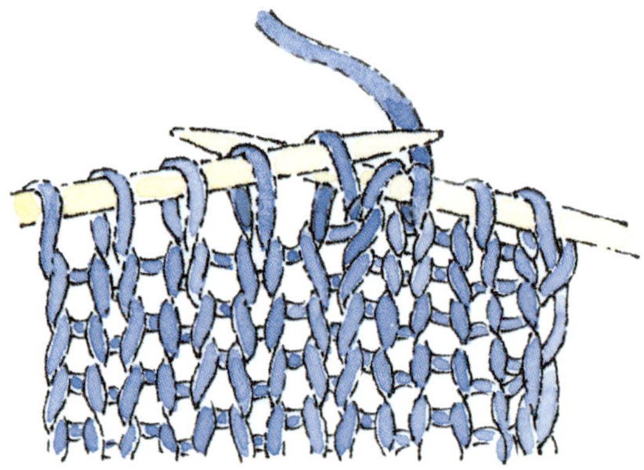

Zunahmen werden benötigt, um das Strickteil zu formen und zu verbreitern. Die Abkürzung für alle hier vorgestellten Methoden lautet 1 M zun. (= 1 Masche zunehmen). Für welche Methode Sie sich entscheiden, hängt vom gewünschten Effekt ab. In vielen Anleitungen wird eine bestimmte Art der Zunahmen vorgeschlagen.

Zwei Maschen aus einer herausstricken

Stricken Sie zwei Maschen aus einer heraus, indem Sie erst in das vordere und dann in das hintere Maschenglied einstechen und die Fadenschlinge durchziehen, bevor Sie die ursprüngliche Masche von der Nadel gleiten lassen.

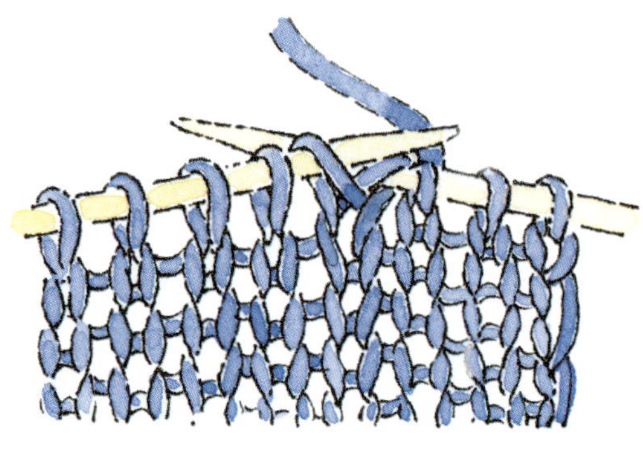

Unsichtbare Zunahme

Bevor Sie die nächste Masche von der linken Nadel abstricken, stechen Sie in die darunter liegende Masche ein und stricken sie ab.

Zunahme aus dem Querfaden

Nehmen Sie mit der rechten Nadel den Querfaden zwischen der eben gestrickten und der nächsten Masche auf der linken Nadel auf, legen Sie den Querfaden verdreht auf die linke Nadel und stricken ihn verschränkt ab. Die Zunahme erscheint leicht plastisch.

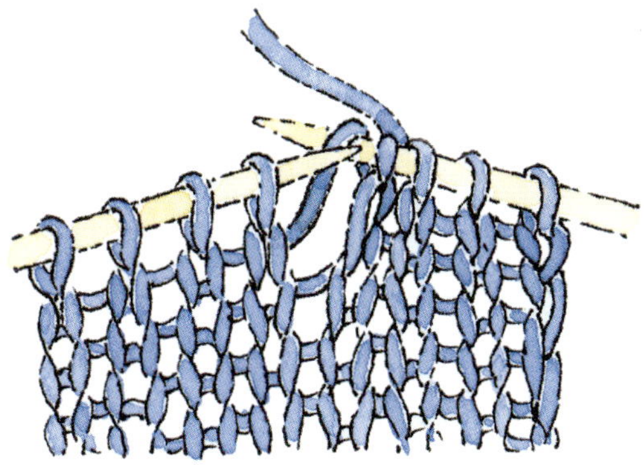

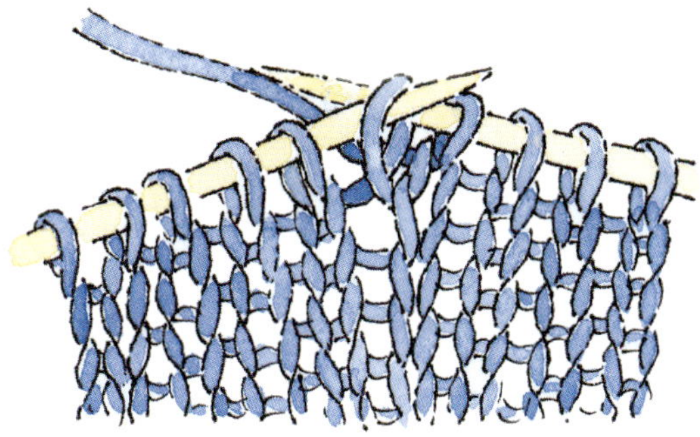

Umschlag

Legen Sie den Arbeitsfaden einmal über die rechte Nadel, bevor Sie die nächste Masche stricken. Dieser Umschlag wird in der folgenden Reihe verschränkt als neue Masche abgestrickt. Die Abkürzung für einen solchen Umschlag lautet 1 U.

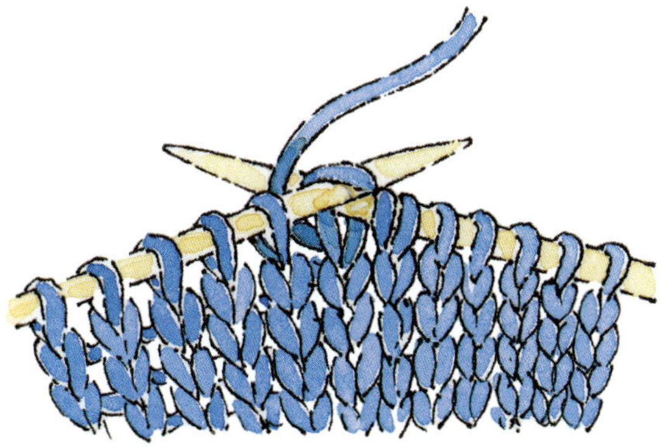

Reihen verlängern

Schlagen Sie am Anfang oder Ende der Reihe die notwendige Anzahl von Maschen neu an.

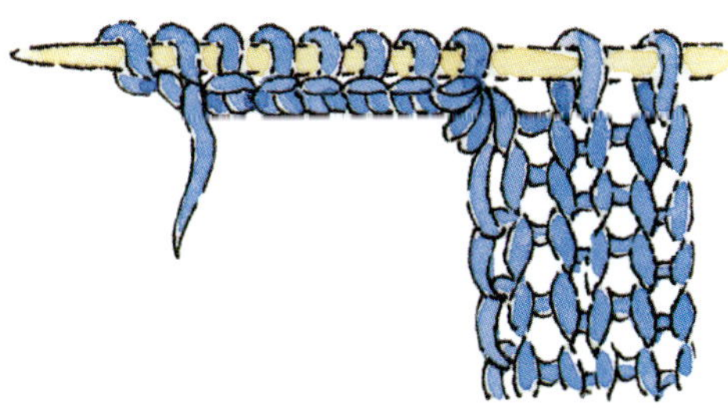

ABNAHMEN

Abnahmen verringern die Maschenzahl, sodass das Strickteil schmäler wird.

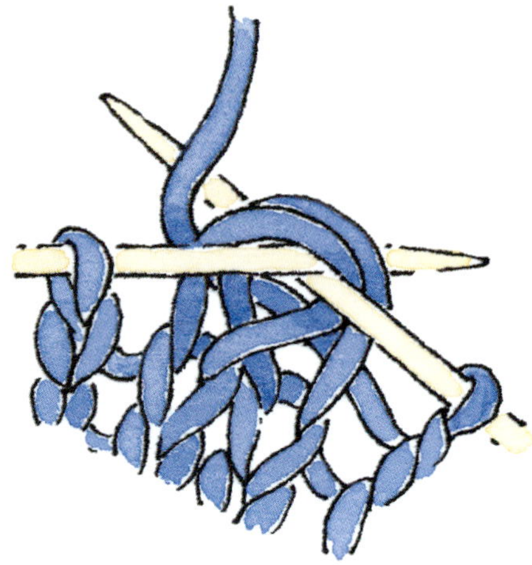

2 Maschen zusammenstricken (2 M re/li zus-str.)

Dies ist die einfachste und gebräuchlichste Abnahme-Methode. Stechen Sie die rechte Nadel gleichzeitig durch die beiden nächsten Maschen statt nur durch die nächste Masche ein, und stricken Sie beide Maschen gemeinsam mustergemäß rechts oder links ab.

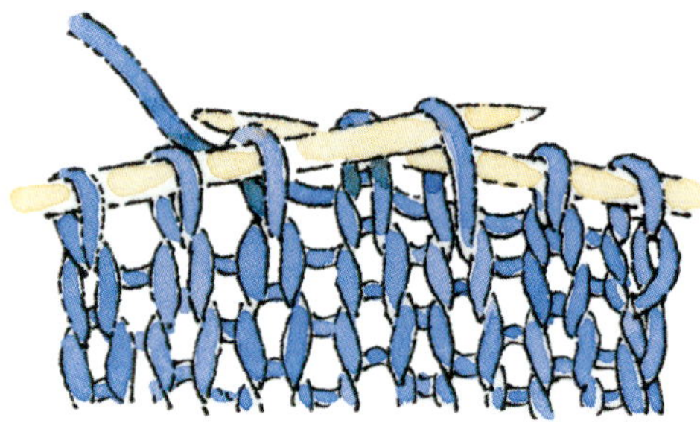

2 Maschen überzogen zusammenstricken (2 M re/li übz. zus-str.)

Heben Sie die nächste Masche von der linken auf die rechte Nadel, ohne sie zu stricken. Dann stricken Sie die nächste Masche je nach Muster rechts oder links ab und ziehen die abgehobene Masche darüber.

GRUNDMUSTER

Alle gestrickten Textilien basieren auf nichts anderem als auf rechten und linken Maschen.

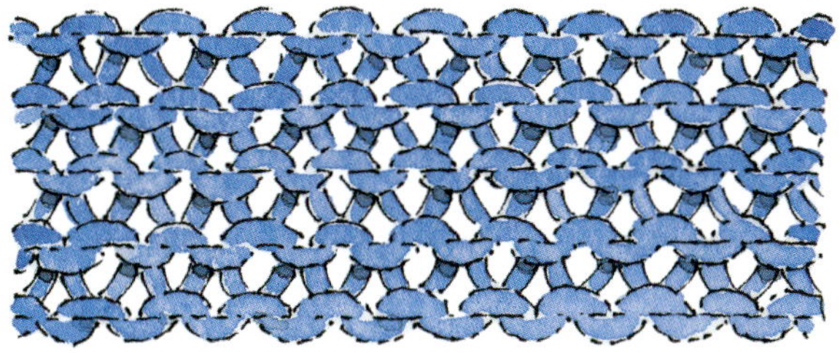

Kraus rechts: In Reihen wird jede Reihe rechts gestrickt, in Runden wechseln Runden aus rechten und aus linken Maschen ab. Das Gestrick wird lockerer als bei glatt rechts gestrickten Flächen und sieht auf beiden Seiten gleich aus. Ein Vorteil dieses einfachen Musters ist die Tatsache, dass kraus rechts gestrickte Teile sich nicht aufrollen. Das Muster kann daher für sich allein, aber auch für Blenden und Kanten verwendet werden.

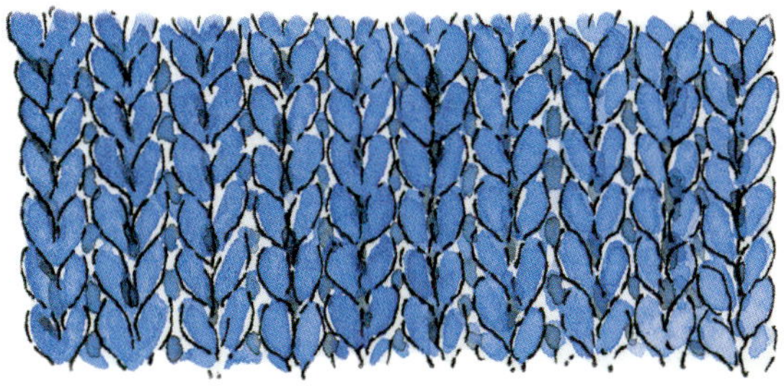

Glatt rechts/glatt links: „Glatt rechts" ist wohl das am häufigsten verwendete Strickmuster überhaupt. In Reihen wird abwechselnd eine Reihe rechte und eine Reihe linke Maschen gestrickt. In Runden werden nur rechte (bzw. für „glatt links" nur linke) Maschen gestrickt. Wenn die rechts gestrickte Seite außen liegt, bildet sie eine flache, glatte Oberfläche, deren Kanten sich leicht aufrollen. Die Rückseite ist jeweils glatt links gestrickt. Die Kanten glatt rechts oder links gestrickter Teile müssen mit Blenden, Bordüren oder genähten Säumen versäubert werden.

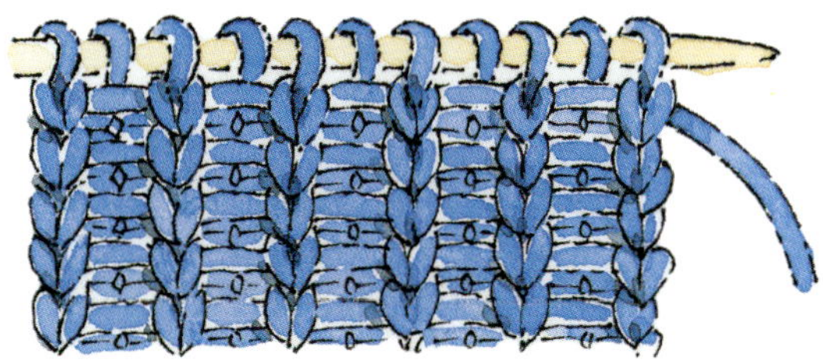

Ein einfaches Rippenmuster entsteht, indem man abwechselnd eine Masche rechts und eine Masche links strickt, sodass die rechten Maschen „säulenartig" übereinander liegen. Auf diese Weise ent-steht ein sehr elastisches Gestrick, das sich hervorragend für Bündchen eignet. Im Allgemeinen strickt man Bündchen mit etwas dünneren Nadeln als den Rest des Strickstücks, damit sie fest und elastisch werden. Bei gerader Maschenzahl lautet die Anleitung für das einfache Rippenmuster:
*1 M re, 1 M li; ab * fortlaufend wiederholen.

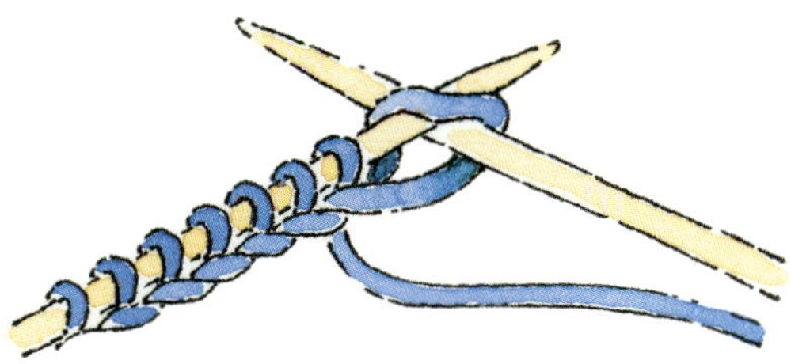

1. Stricken Sie die Randmasche rechts.

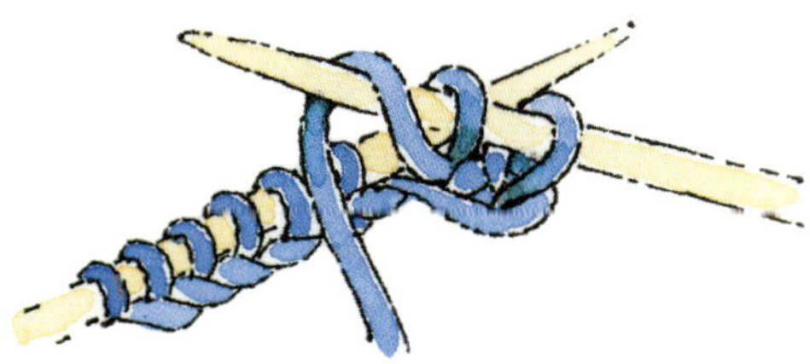

2. Führen Sie den Arbeitsfaden zwischen den Nadelspitzen nach vorne und stricken Sie die nächste Masche links.

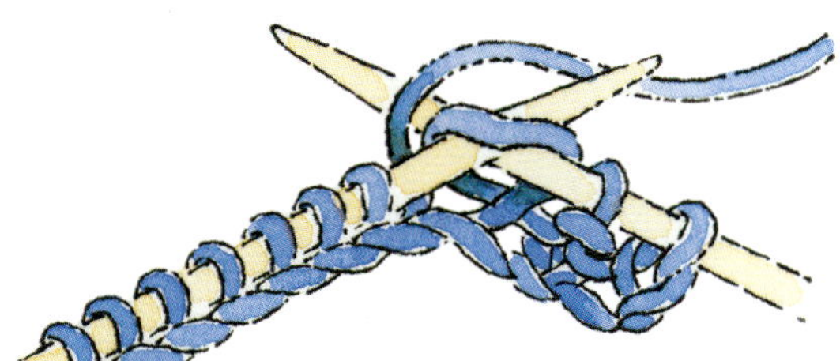

3. Dann führen Sie den Arbeitsfaden zwischen den Nadelspitzen wieder nach hinten und stricken die nächste Masche rechts.

Wiederholen Sie Schritt 2 und 3, bis alle Maschen auf der rechten Nadel liegen. Bei gerader Maschenzahl endet die Reihe mit einer linken Masche. Wenden Sie die Arbeit und beginnen Sie wieder mit Schritt 1.

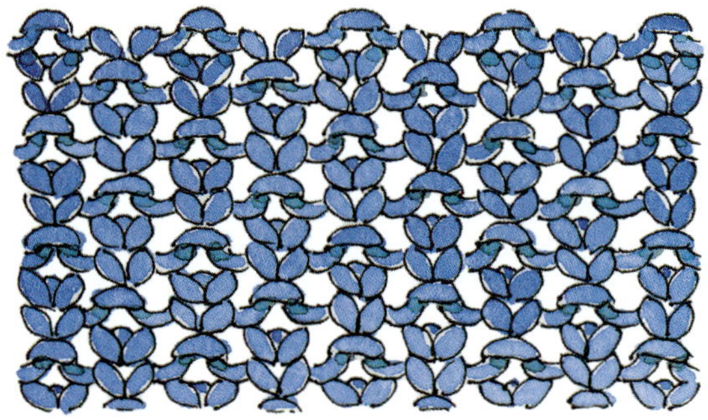

Das **Perlmuster** ist ein einfaches Strukturmuster, bei dem wie beim Rippenmuster rechte und linke Maschen abwechseln. Maschen, die in einer Reihe rechts gestrickt wurden, werden auch in der nächsten rechts gestrickt, linke Maschen werden auch in der Rückreihe links gestrickt. Bei einer ungeraden Maschenzahl beginnt und endet jede Reihe mit einer rechten Masche. Das Gestrick wird fest, rollt sich nicht ein und sieht auf beiden Seiten gleich aus, sodass es sich perfekt für Kragen und Manschetten eignet.
Bei ungerader Maschenzahl lautet die Anleitung für das Perlmuster:
1 M re, *1 M li, 1 M re; ab * fortlaufend wiederholen.
Diese Reihe stets wiederholen.

ZÖPFE

Zöpfe werden im Allgemeinen glatt rechts auf glatt linkem Grund gestrickt. Üblicherweise spricht man beim Stricken auch von „Zöpfen", wenn es sich eigentlich um gedrehte Kordeln aus zwei Bändern handelt. Sie können über eine beliebige Maschenzahl gearbeitet werden. Je mehr Maschen der Zopf umfasst, desto mehr Reihen müssen zwischen den Verzopfungen gestrickt werden.

Zopf über 6 Maschen, nach rechts gedreht

Die folgende Anleitung bezieht sich auf einen Zopf über 6 Maschen. Nach demselben Prinzip lassen sich aber gedrehte Zöpfe beliebiger Breite stricken. Dieser Zopf dreht sich nach rechts.

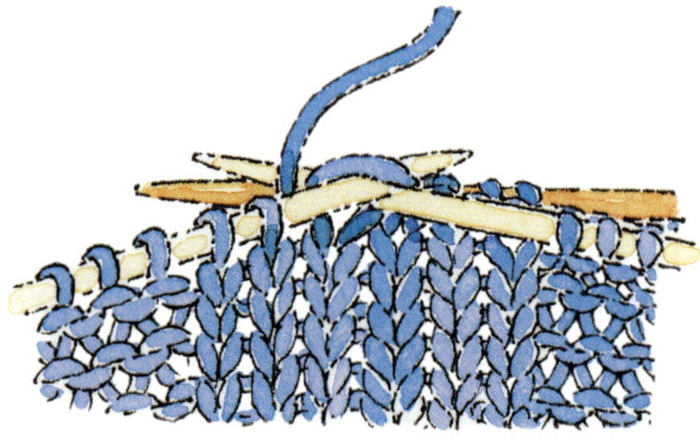

1. Stricken Sie in der Hinreihe bis zum Zopf. Legen Sie die nächsten 3 Maschen auf einer Hilfsnadel hinter die Arbeit. Stricken Sie die folgenden 3 Maschen wie üblich rechts.

2. Nun stricken Sie die 3 Maschen der Hilfsnadel rechts. Schon ist die erste Verzopfung fertig!

Zopf über 6 Maschen, nach links gedreht

Die folgende Anleitung bezieht sich auf einen Zopf über 6 Maschen. Nach demselben Prinzip lassen sich aber gedrehte Zöpfe beliebiger Breite stricken. Dieser Zopf dreht sich nach links.

1. Stricken Sie in der Hinreihe bis zum Zopf. Legen Sie die nächsten 3 Maschen auf einer Hilfsnadel vor die Arbeit. Stricken Sie die folgenden 3 Maschen wie üblich rechts.

2. Nun stricken Sie die 3 Maschen der Hilfsnadel rechts. Fertig!

ALLGEMEINE HINWEISE

MASCHENPROBE
Sie ist für das Gelingen Ihrer Arbeit äußerst wichtig. Sie entscheidet über Form und Größe, und jede kleinste Abweichung kann das Aussehen des fertigen Stücks beeinträchtigen. Sie sollten daher unbedingt ein Quadrat glatt rechts oder im vorgegebenen Muster (je nach Anleitung) stricken, das in der Breite 5 bis 10 Maschen und in der Höhe 5 bis 10 Reihen mehr umfasst, als in der Anleitung angegeben. Legen Sie das fertige Quadrat auf eine ebene Fläche, und messen Sie den mittleren Bereich ab.
Wenn Sie zu viele Maschen und Reihen für 10 cm benötigt haben, sollten Sie einen zweiten Versuch mit dickeren Nadeln machen. Im umgekehrten Fall verwenden Sie für die zweite Maschenprobe dünnere Nadeln. Wenn Ihre Maschenprobe stimmt, entspricht das fertige Kleidungsstück den Maßen der Anleitung.

GRÖSSEN
Die erste Angabe bezieht sich jeweils auf die kleinste Größe. Die Angaben für weitere Größen sind durch Schrägstriche abgetrennt. Steht nur eine Angabe, so gilt sie für alle Größen.

STRICKSCHRIFTEN
Einige Muster in diesem Buch werden nach Strickschriften oder Zählmustern gearbeitet. Jedes Kästchen entspricht einer Masche, jede Kästchenreihe einer Maschenreihe. Beim Stricken lesen Sie ungerade Reihen (= Hinreihen) von rechts nach links, gerade Reihen (= Rückreihen) von links nach rechts. In Zählmustern steht ein eigenes Symbol oder ein Buchstabe für jede verwendete Garnfarbe. Die Symbole werden in der Materialliste oder in einem Farbschlüssel neben dem Zählmuster erläutert.

MEHRFARBIGES STRICKEN
Es gibt verschiedene Möglichkeiten des mehrfarbigen Strickens: die Intarsien- und die Norwegertechnik. Die Intarsientechnik produziert ein gleichmäßig dickes Gestrick und wird vor allem dann angewendet, wenn die Farbe lediglich in einem bestimmten Abschnitt einer Reihe gebraucht wird und kein regelmäßig wiederholtes Muster über die ganze Reihe bildet.

Intarsientechnik
Diese – einfachste – Methode besteht darin, kurze Garnstücke für jedes Motiv oder jede Farbfläche zuzuschneiden. Beim Farbwechsel innerhalb der Reihe wird der Faden der einen Farbe mit dem der anderen verkreuzt, um zu verhindern, dass Löcher entstehen. Alle Fadenenden können nach Vollendung des Motivs entweder entlang der Verbindungslinien vernäht oder aber eingestrickt werden. Auf dieselbe zeitsparende Weise werden Fadenenden in der Norwegertechnik eingewebt. Achtung: Für die Intarsientechnik sollte eine eigene Maschenprobe angegeben sein, wenn diese Art des Farbwechsels zusammen mit glatt rechten Flächen in einem Strickstück verwendet wird, denn möglicherweise weichen die Maschenproben voneinander ab.

Norwegertechnik
Wenn zwei oder drei Farben abwechselnd in einer Reihe verarbeitet werden, lassen Sie den jeweils nicht benötigten Faden locker auf der Rückseite mitlaufen. Wenn Sie mit mehr als zwei Farben arbeiten, behandeln Sie diese Spannfäden wie einen einzigen Faden und dehnen das Gestrick von Zeit zu Zeit, um es elastisch zu halten. Es empfiehlt sich, die Spannfäden höchstens über 3 Maschen auf einmal zu führen und bei größeren Abständen

immer wieder über und unter den jeweiligen Arbeitsfaden zu legen. So werden sie auf der Rückseite der Arbeit fixiert.

BÜGELN
Wenn alle Fadenenden vernäht sind, dämpfen Sie jedes Teil – Bündchen ausgenommen – sanft mit einem warmen Bügeleisen. Bügeln Sie die Kanten besonders sorgfältig, denn dann lassen sich die Teile einfacher und sauberer zusammennähen.

TIPPS ZUR FERTIGSTELLUNG
Achten Sie beim Zusammennähen der Teile besonders darauf, dass die farbigen Muster genau zusammentreffen. Schließen Sie die Hauptnähte im Rückstich und alle Nähte an Rippenmustern im Matratzenstich, wenn nichts anderes angegeben ist. Nähen Sie die Schultern im Rückstich zusammen und setzen Sie die Halsblende (wo nötig) im Matratzenstich an.

Ärmel
Eingesetzte Ärmel: Passen Sie die Armkugel des Ärmels mit Rückstichen ins Armloch ein.
Quadratisch eingesetzte Ärmel: Setzen Sie den Ärmel mit Rückstichen so ins Armloch ein, dass die geraden Seiten am oberen Ende des Ärmels einen sauberen rechten Winkel zu den Abketträndern von Vorder- und Rückenteil bilden.
Gerade abgekettete Ärmel: Platzieren Sie den Ärmel mit der Mitte seines Abkettrandes an der Schulternaht.
Nähen Sie die Ärmel mit Rückstichen ein, und verwenden Sie wenn nötig Heftstiche als Markierungslinien. Schließen Sie Seiten- und Ärmelnähte im Rückstich.

STICKSTICHE

Wickelstich

Stechen Sie bei A aus, bei B ein und bei A wieder aus, ohne die Nadel aus dem Stoff zu ziehen. Wickeln Sie den Faden 8x um die Nadel und ziehen Sie die Nadel vorsichtig heraus. Stechen Sie die Nadel bei B wieder ein und straffen Sie den Faden vorsichtig.

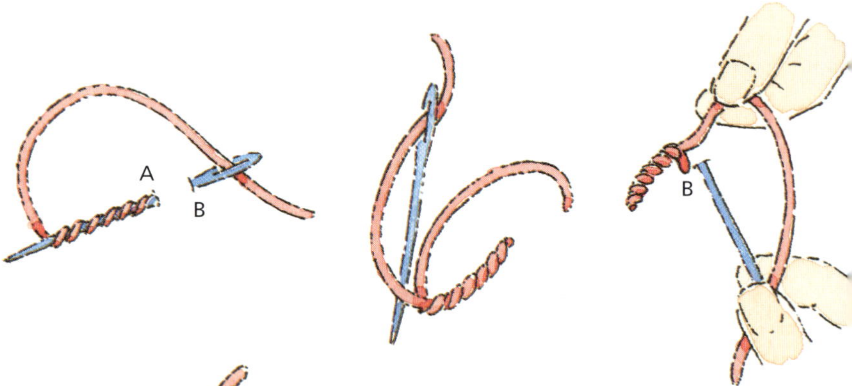

Knötchenstich

Stechen Sie bei A aus, wickeln Sie den Faden 2x um die Nadel, und stechen Sie knapp neben der Ausstichstelle wieder ein. Achten Sie darauf, dass die Wicklungen eng um die Nadel liegen bleiben. Ziehen Sie die Nadel auf die Rückseite des Stoffs durch.

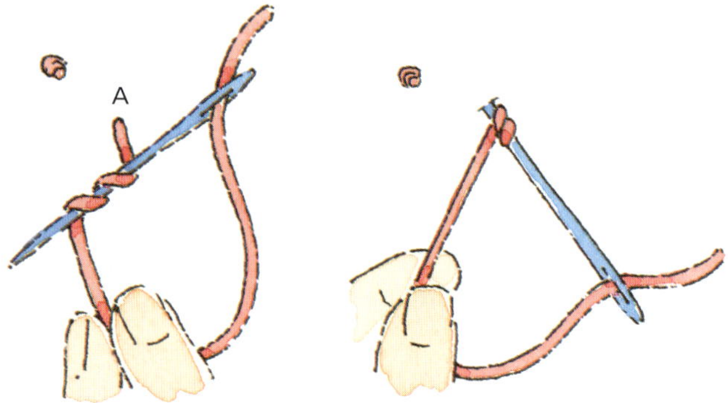

Stielstich

Stechen Sie bei A aus, bei B ein und bei C (in der Mitte zwischen A und B) wieder aus.

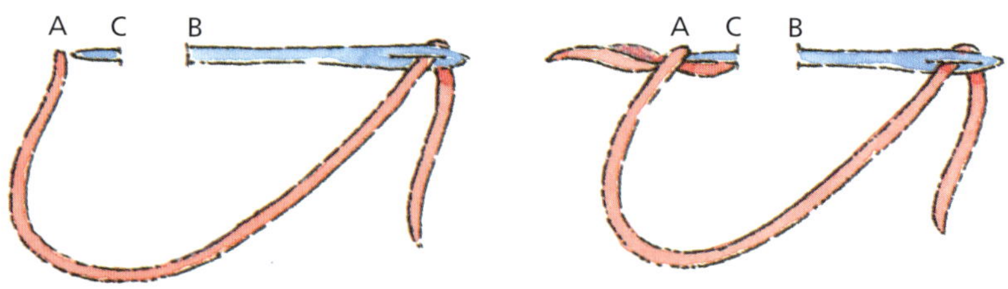

Blüten im Margeritenstich verleihen diesem reizenden Jäckchen eine persönliche Note.

Margeritenstich

Stechen Sie bei A aus und am selben Punkt wieder ein, ohne den Faden anzuziehen. Dann stechen Sie bei B wieder aus, legen die Garnschlinge unter die Nadelspitze, ziehen den Faden an und stechen bei C wieder ein, sodass die Schlinge fixiert wird. Stechen Sie für den nächsten Stich bei A wieder aus.

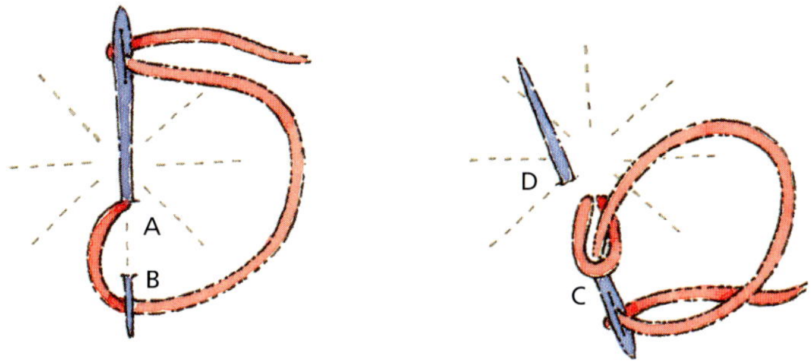

Sternstich

Arbeiten Sie einen Spannstich von A nach B und stechen Sie bei C wieder aus. Fahren Sie so fort, indem Sie bei D ein-, bei E aus- und bei F wieder einstechen, um den Stern zu vervollständigen.

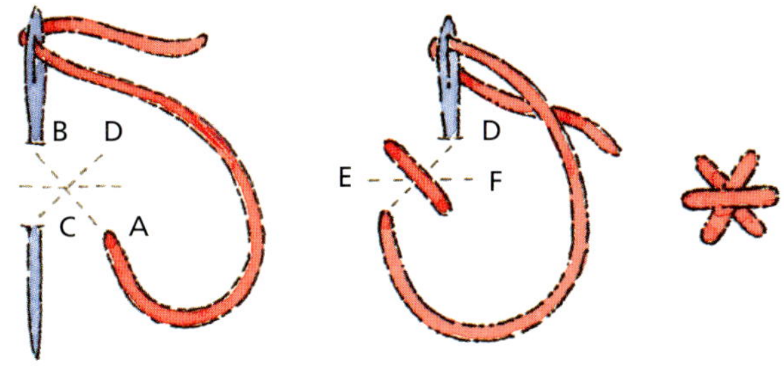

Schlingstich

Der Stich wird von links nach rechts gearbeitet. Stechen Sie bei A aus, bei B ein und bei C wieder aus. Legen Sie die Garnschlinge unter die Nadelspitze und ziehen Sie die Nadel aus dem Stoff. Wiederholen Sie diesen Vorgang entlang der Kante, wobei alle Stiche dieselbe Höhe haben sollten.

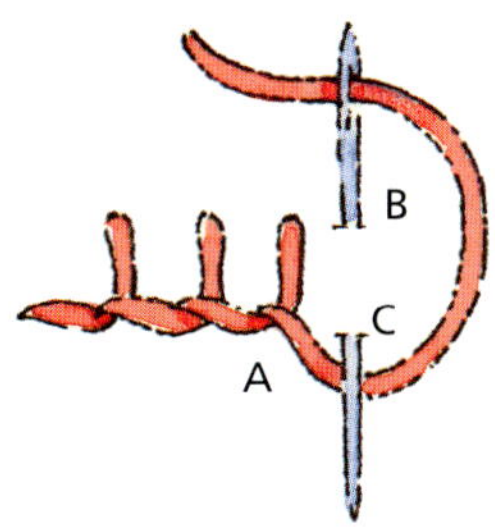

DIE RICHTIGEN STRICKNADELN

Die meisten Modelle in diesem Buch werden in hin und her gehenden Reihen gestrickt. Dafür verwendete man früher ein Paar so genannter Schnellstricknadeln, bei denen das Gewicht des bereits gestrickten Teils schwer an den Händen hing. Seit einiger Zeit gibt es Nadelpaare, an deren Enden Kunststoffkabel befestigt sind. Die abgestrickten Maschen gleiten von der eigentlichen Nadel weiter auf das Kabel, und das Strickstück ruht auf dem Schoß. Genauso praktisch ist eine lange Rundnadel.

Zum Rundstricken benötigen Sie entweder eine Rundstricknadel oder – bei kleineren Umfängen – ein Nadelspiel.

Aus welchem Material Ihre Stricknadeln bestehen, ist weitgehend Geschmackssache. Auf mattierten Metallnadeln gleiten die Maschen sehr gut, wohingegen Bambus oder Holz sich besonders leicht und warm anfühlt. Seit mehreren Jahren sind außerdem vergoldete Nadeln für Nickelallergiker auf dem Markt.

ABKÜRZUNGEN

abh.	abheben
abk.	abketten
Abn.	Abnahme
abn.	abnehmen
abstr.	abstricken
abw.	abwechselnd
anschl.	anschlagen
Fb	Farbe
Fh	Faden hinter die Nadel legen
Fv	Faden vor die Nadel legen
gestr.	gestrickt
Hilfs-Nd	Hilfsnadel
Hin-R	Hinreihe(n)
li	linke/links
li verschr.	links verschränkt
LL	Lauflänge
M	Masche(n)
MA	Maschenanschlag
M-Zahl	Maschenzahl
Nd	Nadel(n)
R	Reihe(n)
Rand-M	Randmasche(n)
Rd	Runde(n)
RE	Reihenende
re	rechte/rechts
restl.	restliche(n)
re verschr.	rechts verschränkt
Rück-R	Rückreihe(n)
rückw.	rückwärtig(er/en)
str.	stricken
U	Umschlag
übz. zus-str.	überzogen zusammenstricken
verschr.	verschränkt
wdh.	wiederholen
Zun.	Zunahme
zun.	zunehmen
zus-str.	zusammenstricken

GARNE

Rowan Cotton Glace: feines Baumwollgarn (100 % Baumwolle); LL ca. 115 m/50 g

Rowan Designer DK: zweifädiges Garn (100 % Schurwolle); LL ca. 115 m/50 g

Rowan Handknit DK Cotton: Baumwollgarn mittlerer Stärke (100 % Baumwolle); LL ca. 85 m/50 g

Rowan Felted Tweed: leichtes Mischgarn aus Merino, Alpaka und Viskose/Rayon; LL ca. 175 m/50 g

Rowan Magpie Tweed: dicke, strapazierfähige Aranwolle (100 % Schurwolle); LL ca. 170 m/100 g

Rowan True 4 ply Botany: feines 4-fädiges Garn (100 % Schurwolle); LL ca. 170 m/50 g

Rowan 4 ply Cotton: feines 4-fädiges Garn (100 % Baumwolle); LL ca. 170 m/50 g

Rowan Wool Cotton: Garn mittlerer Stärke (50 % Merino, 50 % Baumwolle); LL ca. 113 m/50 g

Jaeger Aqua: mercerisiertes Garn aus 100 % Baumwolle; LL ca. 106 m/50 g

Jaeger Cashmere 4 ply: feines 4-fädiges Garn (90 % Kaschmirwolle, 10 % Polyamid); LL ca. 98 m/25 g

Jaeger Baby Merino 4 ply: feines 4-fädiges Garn (100 % Schurwolle); LL ca. 183 m/50 g

Jaeger Matchmaker Merino 4 ply: 4-fädiges Garn mittlerer Stärke (100 % Merinowolle); LL ca. 183 m/50 g

Jaeger Persia: Mischgarn mit interessanter Struktur (82 % extra feine Merinowolle, 18 % Polyamid); LL ca. 100 m/50 g

Jaeger Pure Cotton: Garn mittlerer Stärke (100 % Baumwolle); LL ca. 112 m/50 g

Hinweise

Falls Sie andere Garne als die beim jeweiligen Modell angegebene Qualität verwenden wollen, achten Sie bitte auf eine vergleichbare Materialzusammensetzung und Lauflänge. Nehmen Sie sich unbedingt die Zeit, eine Maschenprobe zu stricken und gegebenenfalls die Nadelstärke zu wechseln. Das erspart Ihnen unliebsame Überraschungen.

JÄCKCHEN, HOSE, SHORTS UND SCHUHE

LEICHT ZU STRICKEN UND DOCH MIT PERSÖNLICHER NOTE DURCH DIE STICKEREI.

JÄCKCHEN

RÜCKENTEIL

67/73/79 M mit Nd Nr. 3 – 3,5 anschl.

1. Reihe (Hin-R): 1 M re; *1 M li, 1 M re; ab * fortlaufend wdh. bis Reihenende (Abk.: RE).

Diese R teilt das Perlmuster ein.

2. – 4. Reihe: 1. R 3x wdh.

Weiterstr. mit Nd Nr. 3,5 – 4.

5. Reihe (Hin-R): 3 M im Perlmuster, re M str. bis zu den letzten 3 M; 3 M im Perlmuster.

6. Reihe: 3 M im Perlmuster, li M str. bis zu den letzten 3 M; 3 M im Perlmuster.

7. – 10. Reihe: 5. und 6. R 2x wdh.

11. Reihe: Re M str.

Fortlaufend glatt re weiterstr. bis zu einer Gesamthöhe von 13/17/19 cm; enden mit einer Rück-R li.

Für die **Armausschnitte** jeweils am Beginn der beiden nächsten R je 3 M abk. = 61/67/73 M.

Nächste Reihe (Hin-R): 2 M re, 1 M abh., 1 M re, die abgeh. M über die re gestr. M heben; re str. bis zu den letzten 4 M; enden mit 2 M re zus-str., 2 M re.

Nächste Reihe: 2 M li, 2 M li zus-str., li str. bis zu den letzten 4 M; enden mit 2 M li verschr. zus-str., 2 M li.

Alle weiteren Armausschnitt-Abn. auf die gleiche Weise str., wie in den letzten beiden R angegeben. In jeder folgenden R beidseitig je 1 M abn., bis 49/53/57 M übrig sind. Gerade weiterstr., bis eine Gesamthöhe von 25/28/31 cm erreicht ist; enden mit einer Rück-R li.

Für die **Schultern** am Beginn der beiden nächsten R je 14/15/16 M abk. Die restl. 21/23/25 M für den rückw. Halsausschnitt auf eine Hilfs-Nd nehmen und stilllegen.

LINKES VORDERTEIL

31/35/39 M mit Nd Nr. 3 – 3,5 anschl. und 4 R im Perlmuster str., wie beim Rückenteil angegeben. Weiterstr. mit Nd Nr. 3,5 – 4 .

5. Reihe (Hin-R): 3 M im Perlmuster, re M str. bis zum Ende.

6. Reihe: Li M str. bis zu den letzten 3 M; enden mit 3 M im Perlmuster.

7. – 10. Reihe: 5. und 6. R 2x wdh.

MATERIAL

Für das Jäckchen

150/200/250 g *Rowan Cotton Glace* (LL 115 m/50 g) in Weiß

5 Knöpfe

Für die lange Hose

150/200/200 g *Rowan Cotton Glace* in Weiß

2 Druckknöpfe

Für die Shorts

150/150/200 g *Rowan Cotton Glace* in Weiß

2 Druckknöpfe

Für die Schuhe

50 g *Rowan Cotton Glace* in Weiß; 2 Knöpfe

Für die Stickerei (nach Belieben)

Reste des gleichen Garns in Pink, Hellgelb, Hellblau, Dunkellila und Helllila

Nadeln

Stricknadeln Nr. 2,5 – 3; 3 – 3,5 und 3,5 – 4 (bitte Maschenprobe beachten)

Sticknadel Nr. 18 ohne Spitze

STRICKMUSTER

Glatt rechts: Hin-R re M, Rück-R li M.

Perlmuster: In Hin-R 1 M re, 1 M li im Wechsel str; in Rück-R 1 M li, 1 M re im Wechsel str.

MASCHENPROBE

23 M/32 R mit Nd Nr. 3,5 – 4 glatt re gestr. = 10 x 10 cm

MASSE

Alter	6	12	18 Monate
Jäckchen			
Fertig gestr. Oberweite	58	63	69 cm
Länge	25	28	31 cm
Unterarmlänge	14	17	20 cm
Lange Hose			
Hüfthöhe	21	24	28 cm
Beininnenlänge	15	19	23 cm
Shorts			
Hüfthöhe	21	24	28 cm
Beininnenlänge	7,5	9,5	11,5 cm
Schuhe			
Für Alter	3	6–12	12 Monate

Hinweis: Es sind drei Größen (für 6, 12 und 18 Monate) angegeben. Die Angaben für die einzelnen Größen sind durch Schrägstriche voneinander getrennt; die erste Angabe bezieht sich auf die kleinste Größe. Steht nur eine Angabe, so gilt sie für alle Größen. Nähere Angaben zum verwendeten Garn finden Sie auf Seite 21.

2. Reihe: 1 M abh., 11 M li, 2 M li zus-str.; Arbeit wenden.
3. Reihe: 1 M abh., 11 M re, 1 M abh., 1 M re, die abgeh. M über die re gestr. M heben; Arbeit wenden.
Die 2. und 3. R noch 6/7/8x wdh., danach die 2. R noch 1x str. Faden abbrechen. Alle M auf eine Nd nehmen. Mit neuem Faden von rechts die M abk., dabei in der rechten und linken Ecke des Fußoberteils je 1 M abn. Die mittleren 3 M für den mittleren Steg stilllegen. Sohle und rückwärtige Naht schließen.

Verschlussriemchen
Je 8 M links und rechts der Fersennaht und 1 M aus der Naht aufn. und re str. (= 17 M). 1 R im Perlmuster str.**.
2. Reihe: 3 M anschl.; die restlichen M im Perlmuster str., am Ende der R 19 M anschl. Über alle M noch 2 R im Perlmuster str.
Knopfloch-R: 2 M im Perlmuster, 1 U, 2 M zus-str., Perlmuster bis RE.***
Noch 1 R im Perlmuster str., dann alle M abk.
Nun die 3 stillgelegten M für den mittleren Steg aufnehmen und im Perlmuster str., bis eine Länge von 6/7/8 cm erreicht ist. Die M abk. Die letzten 2 cm des Stegs nach innen falten und festnähen. Das Riemchen durch die Schlaufe dieses Stegs ziehen. Seitlich einen Knopf annähen.

Für die **Stickerei** (nach Belieben) mit kontrastfarbenem Garn auf das Fußoberteil nach Belieben Blümchen aufsticken (siehe Rückenteil).

Den **linken Schuh** auf die gleiche Weise str. wie den rechten Schuh bis **.
Nächste R: 19 M anschlagen, die folgenden M im Perlmuster str., am Ende der R noch 3 M anschl. Weitere 2 R im Perlmuster str.
Knopfloch-R: Im Perlmuster bis zu den letzten 4 M str., 2 M zus-str., 1 U, 2 M im Perlmuster.
Den linken Schuh ab *** gegengleich zum rechten Schuh beenden.

Die gleiche Kombination in Lila: eine Lieblingsgarnitur für jeden Tag.

KURZES BOLERO-JÄCKCHEN

IN DIESEM NIEDLICHEN JÄCKCHEN KOMMEN DIE KLEINSTEN GANZ GROSS RAUS.

MATERIAL

150 g *Jaeger Aqua* (LL 106 m/50 g) in Blassgrün
Stricknadeln Nr. 3 – 3,5 und 3,5 – 4; 3 Knöpfe

STRICKMUSTER

Perlmuster: 1 M re, 1 M li im Wechsel str.; in der Rück-R die M str. wie in der Hin-R (= re M auch in der Rück-R re str., li M wieder li str.)

Grundmuster:

1. Reihe: 3 M re; [1 M li, 3 M re] im Wechsel str.

2. Reihe und alle geraden Reihen: Li M str.

3. Reihe: 1 M re; [1 M li, 3 M re] im Wechsel str.

4. Reihe: Wie 2. R str.

1. – 4. R fortlaufend wdh.

MASCHENPROBE

23 M/32 R mit Nd Nr. 3,5 – 4 im Grundmuster gestr. = 10 x 10 cm

MASSE

Alter	3 – 6 Monate
Fertig gestr. Oberweite	58 cm
Länge des Jäckchens	22 cm
Unterarmlänge	7 cm

LINKES VORDERTEIL

23 M mit Nd Nr. 3 – 3,5 anschl.

1. Reihe (Hin-R): 1 M re, 1 M li im Wechsel str.; enden mit 1 M re, 2 M aus der nächsten M herausstr., 1 M li.

2. Reihe: 2 M aus der 1. M herausstr.; 1 M re, 1 M li im Wechsel str.; enden mit 1 M re.

3. – 6. Reihe: 1. und 2. R 2 x wdh. (= 29 M).

Weiterstr. mit Nd Nr. 3,5 – 4.

7. Reihe: 4 M re, [3 M re, 2 M aus der nächsten M herausstr.] 5x, [1 M re, 1 M li] 2x, 1 M re (= 34 M).

8. Reihe: [1 M re, 1 M li] 2x, 1 M re, li M bis RE.

Im Grundmuster weiterstr. wie folgt:

9. Reihe (Hin-R): 3 M re, [1 M li, 3 M re] 6x; enden mit 2 M aus der nächsten M herausstr., 1 M re, [1 M re, 1 M li] 2x, 1 M re.

10. Reihe: [1 M re, 1 M li] 2x, 1 M re, bis RE li M str.

11. Reihe: 1 M re, [1 M li, 3 M re] 6x; enden mit 1 M li, 2 M re, 2 M aus der nächsten M herausstr., 1 M re, [1 M re, 1 M li] 2x, 1 M re.

12. Reihe: Wie 10. R str.

In der 9. – 12. R wird das Grundmuster festgelegt, wobei jeweils 5 M für die Blende der Knopfleiste im Perlmuster weitergestr. werden. Fahren Sie in dieser Musteranordnung fort wie folgt:

13. Reihe: 29 M Grundmuster, 2 M aus der nächsten M herausstr., 5 M Perlmuster (= 37 M). **14. Reihe:** Wie 10. R str.

15. und 16. Reihe: Wie 13. und 14. R str. (= 38 M = endgültige M-Zahl des li Vorderteils). Im Grundmuster mit Perlmuster-Blende weiterstr. bis zu einer Gesamthöhe von 12 cm. Die letzte R ist eine Rück-R.

Armausschnitt und Halsschräge

Weiterstr. wie folgt, wobei Muster und Blende beibehalten werden:

Nächste Reihe: 3 M abk., Grundmuster bis zu den letzten 7 M; enden mit 2 M re zus-str., 5 M Perlmuster (= 34 M).

Rückreihe: Wie 10. R str.

** Für den Armausschnitt in der nächsten und 2x in jeder 2. folgenden R 1 M abn. Gleichzeitig für die Halsschräge in jeder 3. auf die vorhergehende Abnahme folgenden R 1 M abn., wie zuvor beschrieben (= 29 M).

Anschließend nur noch für die Halsschräge in jeder 3. auf die vorhergehende Abnahme folgenden R 1 M abn., bis 22 M übrig sind. Gerade weiterstricken, bis eine Gesamthöhe von 22 cm erreicht ist. Die letzte R endet auf der Seite des Armausschnitts.

Schulter

Am Beginn der nächsten R 9 M abk. und am Beginn der 2. folgenden R weitere 8 M abk. 18 R im Perlmuster über die verbleibenden 5 M arbeiten. Alle M abk. Auf der Perlmusterblende die Position der 3 Knöpfe markieren: Der unterste Knopf sitzt auf Höhe der 1. R nach dem Ende der Zunahmen, der oberste Knopf auf Höhe der ersten Abnahme für die Halsschräge, der dritte Knopf genau dazwischen.

RECHTES VORDERTEIL
23 M mit Nd Nr. 3 – 3,5 anschl.
1. Reihe (Hin-R): Aus der 1. M 2 M herausstr; [1 M li, 1 M re] bis RE.
2. Reihe: [1 M re, 1 M li] bis zu den letzten 2 M str; enden mit aus der nächsten M 2 M herausstr., 1 M re.
3. – 6. Reihe: 1. und 2. R 2x wdh. (= 29 M).
Weiterstr. mit Nd Nr. 3,5 – 4.
7. Reihe (Hin-R): [1 M re, 1 M li] 2x, [aus der nächsten M 2 M herausstr., 3 M re] 5x, 4 M re (= 34 M).
8. Reihe: Li M str. bis zu den letzten 5 M; enden mit [1 M re, 1 M li] 2x, 1 M re. Im Grundmuster weiterstr. wie folgt:
9. Reihe (Hin-R): [1 M re, 1 M li] 2x, 1 M re, aus der nächsten M 2 M herausstr., 1 M re, [3 M re, 1 M li] bis zu den letzten 3 M; enden mit 3 M re.
10. Reihe: Li M str bis zu den letzten 5 M, [1 M re, 1 M li] 2x, 1 M re.
11. Reihe: [1 M re, 1 M li] 2x, 1 M re, aus der nächsten M 2 M herausstr., [3 M re, 1 M li] bis zur letzten M; enden mit 1 M re.
12. Reihe: Wie 2. R str.
In der 9. – 12. R wird das Grundmuster festgelegt, wobei jeweils 5 M für die Blende der Knopfleiste im Perlmuster weitergestr. werden. Fahren Sie in dieser Musteranordnung fort wie folgt:
13. Reihe: 5 M Perlmuster, aus der nächsten M 2 M herausstr., Grundmuster bis RE.

14. Reihe: Wie 10. R str.
15. und 16. Reihe: Wie 13. und 14. R str. (= 38 M = endgültige M-Zahl des rechten Vorderteils).
17. Reihe (Knopfloch-R): 1 M re, 1 M li, 1 U, 2 M re zus-str, 1 M re, Grundmuster bis RE.
Im Grundmuster mit Perlmuster-Blende weiterstr. bis zu einer Gesamthöhe von 12 cm; dabei das 2. Knopfloch entsprechend der Markierung auf dem linken Vorderteil einarbeiten. Die letzte R ist eine Rück-R.

Armausschnitt und Halsschräge
Weiterstr. wie folgt, wobei Muster und Blende beibehalten werden: Nächste Reihe (Rück-R; = Knopfloch-R): 1 M re, 1 M li, 1 U, 2 M li zus-str., 1 M re, 1 M abh., die abgeh. M über die re gestr. M ziehen; Grundmuster bis RE. Am Beginn der nächsten R 3 M abk. (= 34 M).
Das rechte Vorderteil beenden, wie beim linken Vorderteil ab ** beschrieben, wobei der Armausschnitt und die Halsschräge auf der jeweils anderen Seite gearbeitet werden.

RÜCKENTEIL
63 M mit Nd Nr. 3 – 3,5 anschl. und 6 R im Perlmuster str., wie beim linken Vorderteil beschrieben. In der 6. R gleichmäßig verteilt 4 M zun. (= 67 M). Weiterstr. mit Nd Nr. 3,5 – 4.
7. Reihe (Hin-R): Re M str. **8. Reihe und alle geraden Reihen:** Li M str. Im Grundmuster weiterstr. wie folgt: **9. Reihe (Hin-R):** [3 M re, 1 M li] bis zu den letzten 3 M; enden mit 3 M re. **10. Reihe:** Li M str. **11. Reihe:** 1 M re, 1 M li, [3 M re, 1 M li] bis zur letzten M; enden mit 1 M re. **12. Reihe:** Li M str. In der 9. – 12. R wird das Grundmuster festgelegt. Im Grundmuster weiterstr. bis zum Beginn des Armausschnitts bei den beiden Vorderteilen. Die letzte R ist eine Rück-R.

Armausschnitte
Am Beginn der beiden nächsten R jeweils 3 M abk.; restliche M im Grundmuster weiterstr. (= 61 M). Am Beginn und am Ende der nächsten und 2x in jeder 2. folgenden R je 1 M abn. (= 55 M). Gerade weiterstr. bis zum Beginn der Schulterschräge bei den beiden Vorderteilen. Die letzte R ist eine Rück-R.

Schulter
Am Beginn der beiden nächsten R jeweils 9 M abk.; anschließend am Beginn der beiden folgenden R jeweils 8 M abk. Die restlichen 21 M für den hinteren Halsausschnitt abk.

Ärmel (2x arbeiten)
35 M mit Nd Nr. 3 – 3,5 anschl. und 5 R im Perlmuster str. (siehe linkes Vorderteil).
6. Reihe (Rück-R): 3 M Perlmuster, [aus der nächsten M 2 M herausstr., 3 M Perlmuster] 8x (= 43 M).
Weiterstr. mit Nd Nr. 3,5 – 4.
7. Reihe: Re M str.
8. Reihe: Li M str.
Im Grundmuster weiterstr. (siehe Rückenteil) bis zu einer Gesamthöhe von 7 cm. Die letzte R ist eine Rück-R.

Armkugel
Im Grundmuster weiterstr., dabei am Beginn der beiden nächsten R jeweils 3 M abk. (= 37 M).
Am Beginn und am Ende der nächsten und jeder 2. folgenden R jeweils 1 M abn., bis 17 M übrig bleiben; anschließend am Beginn und am Ende jeder R jeweils 1 M abn., bis 11 M übrig bleiben. Diese 11 M abk.

FERTIGSTELLUNG
Seitennähte schließen. Am Ärmel zusammennähen und einsetzen. Knöpfe annähen.

DREI GUERNSEY-PULLOVER

VON DIESEM PULLOVER IN DER TRADITION DER FISCHER VON DER KANALINSEL GUERNSEY STELLEN WIR IHNEN HIER DREI VERSCHIEDENE VARIATIONEN VOR.

GLATT RECHTS GESTRICKTER PULLOVER

RÜCKENTEIL

58/62/66/70 M mit Nd Nr. 3 – 3,5 anschl. Mit einer Hin-R beginnen und 6 R glatt re str.

7. Reihe (Hin-R): 2 M re, [2 M li, 2 M re] str. bis RE.

8. Reihe: 2 M li, [2 M re, 2 M li] str. bis RE.

9. – 12. Reihe: 7. und 8. R 2x wdh.

Die beiden letzten R noch 2x wdh.

Weiterstr. mit Nd Nr. 4.**

Mit einer Hin-R beginnen und fortlaufend glatt re str., bis eine Gesamthöhe von 28/32/36/40 cm erreicht ist; dabei rollen sich die unteren 6 R nach außen. Enden mit einer Rück-R.

Schultern

Am Beginn der beiden nächsten R je 18/19/19/20 M abk. Die restl. 22/24/28/30 M für den Halsausschnitt auf einem Maschenraffer stilllegen.

MATERIAL

Für einen Pullover

200/250/300/350 g *Rowan Handknit DK Cotton* (LL 85 m/50 g) in Taupe, Hellblau oder Naturweiß; 3 Knöpfe

Stricknadeln Nr. 3 – 3,5 und 4

STRICKMUSTER

Glatt rechts: Hin-R re M, Rück-R li M.

Rippenmuster: 2 M re, 2 M li im Wechsel str.

Perlmuster: In Hin-R 1 M re, 1 M li im Wechsel str; in Rück-R 1 M li, 1 M re im Wechsel str.

Kraus rechts = In Hin- und Rück-R re M str.

Maschenprobe

20 M/28 R mit Nd Nr. 4 glatt re gestr. = 10 x 10 cm

MASSE

Alter (Monate)	6	9	12	18
Fertig gestr. Oberweite	58	62	66	70 cm
Länge des Pullovers	28	32	36	40 cm
Unterarmlänge	18	22	26	29 cm

Hinweis: Nähere Angaben zum verwendeten Garn finden Sie auf Seite 21. Abkürzungen siehe Seite 20.

VORDERTEIL
Wie das Rückenteil arbeiten bis 16/16/20/20 R unterhalb der Schultern, enden mit einer Rück-R.

Vorderer Halsausschnitt
Die mittleren 10/12/14/16 M auf einem Maschenraffer stilllegen und beide Seiten getrennt beenden. Am Halsrand in den nächsten 6/6/7/7 R je 1 M abn. (= 18/19/19/20 M).**
Danach noch 3/3/6/6 R str., enden mit einer Rück-R. Alle M abk.
Die andere Hälfte gegengleich bis ** str. Danach für die Verschlussblende noch 10/10/13/13 R str., enden mit einer Hin-R. Alle M abk.

ÄRMEL
(2x arbeiten)
34/38/38/42 M mit Nd Nr. 3 – 3,5 anschl. Mit einer Hin-R beginnen und 6 R glatt re str. Danach 5 R im Rippenmuster str. (siehe Rückenteil).
12. Reihe (Rück-R): 3/5/3/3 M im Rippenmuster, aus der nächsten M 2 M herausstr., *8/8/5/6 M im Rippenmuster, aus der nächsten M 2 M herausstr.; ab * wdh. bis zu den letzten 3/5/4/3 M; enden mit 3/5/4/3 M im Rippenmuster (= 38/42/44/48 M).
Weiterstr. mit Nd Nr. 4.
Mit einer Hin-R beginnen und fortlaufend glatt re str., dabei für die **Armschrägen** in der 5. R und in jeder folgenden 5./6./7./8. R

beidseitig je 1 M zun., bis 50/54/58/62 M erreicht sind.** Gerade weiterstr., bis eine Ärmellänge von 18/22/26/29 cm (einschließlich der unteren eingerollten 6 Reihen) erreicht ist; enden mit einer Rück-R li. Alle M locker abk.

FERTIGSTELLUNG
Alle Teile auf eine weiche Unterlage stecken, mit einem feuchten Tuch bedecken und trocknen lassen. Die rechte Schulternaht schließen. Für das Halsbündchen von der rechten Seite aus dem vorderen und rückwärtigen Halsausschnitt 54/58/70/74 M mit Nd Nr. 3 – 3,5 aufnehmen und re str.
Danach 1 R re M und 2 R li M str. Nun mit der 1. R des Rippenmusters beginnen und noch 4 R im Rippenmuster str. Abschließend mit einer Hin-R beginnen und noch 4 R glatt re str. Alle M locker abk.

Verschlussblenden
Für die hintere Verschlussblende aus der linken Schulterkante und der seitlichen Halsbündchenkante ab dem Rippenmuster von rechts 22/22/26/26 M mit Nd Nr. 3 – 3,5 aufnehmen und re str. Mit der 2. R des Rippenmusters beginnen und 5 R str. Danach alle M abk. Für die vordere Knopflochblende aus der gegenüberliegenden Schulterkante und der seitlichen Halsbündchenkante ab dem Rippenmuster 22/22/26/26 M von rechts mit Nd Nr. 3 – 3,5 aufnehmen und re str. Mit der 2. Reihe des Rippenmusters beginnen und 1 R str.
Nächste R (Hin-R; = Knopfloch-R): 2 M im Rippenmuster, [2 M abk., im Rippenmuster str., bis 6/6/8/8 M nach dem Abk. auf der re Nd sind] 2x; 2 M abk.; Rippenmuster bis RE.
Nächste R: Im Rippenmuster str., dabei über den beiden abgek. M der Vor-R je 2 M neu anschl.
Weitere 2 R im Rippenmuster str. Alle M abk.

FERTIGSTELLUNG
Die vordere Blende auf die hintere Blende legen und an den Armausschnittkanten zusammennähen. Die Ärmel einnähen, Seiten- und Ärmelnähte schließen, dabei die Nähte an den Rollrändern an die eigentliche Außenseite des Ärmels legen. Die Knöpfe annähen.

PULLOVER MIT PERLMUSTERSTREIFEN

Das Rückenteil str. wie beim glatt re gestr. Pullover bis **. Danach mit einer Hin-R beginnen und fortlaufend glatt re str., bis eine Gesamthöhe von 15/16/19/21 cm (inklusive Rollrand) erreicht ist, enden mit einer Rück-R. Nun die Passe in folgendem Muster str.:
1. und 2. Reihe: Alle M re str.
3. und 4. Reihe: Alle M li str.
5. Reihe: Alle M re str.
6. Reihe: [1 M re, 1 M li] bis RE str.
7. Reihe: [1 M li, 1 M re] bis RE str.
8. – 11. Reihe: 6. und 7. R 2x wdh..
12. Reihe: Wie 6. R str.
Die letzten 12 R ergeben den Musterrapport, diesen fortlaufend wdh., bis eine Gesamthöhe von 28/32/36/40 cm (inklusive Rollrand) erreicht ist, enden mit einer Rück-R.

Schultern
Für die Schultern am Beginn der beiden nächsten R je 18/19/19/20 M abk. Die restlichen 22/24/28/30 M für das Halsbündchen stilllegen.

Passe
Nun für die Passe die 12 R Musterrapport (Perlmuster mit kraus re gestr. Streifen) fortlaufend str., wie beim 2. Modell angegeben. Nach einer Gesamthöhe von 28/32/36/40 cm enden mit einer Rück-R.

Schultern
Für die Schultern am Beginn der beiden nächsten R je 18/19/19/20 M abk. Die restlichen 22/24/28/30 M für das Halsbündchen auf einem Maschenraffer stilllegen.

VORDERTEIL
Bis 16/16/20/20 R unterhalb der Schultern str. wie das Rückenteil; enden mit einer Rück-R. Den vorderen Halsausschnitt auf die gleiche Weise str., wie beim glatt re gestr. Pullover angegeben, jedoch gleichzeitig fortlaufend den Musterrapport arbeiten.

ÄRMEL
(2x arbeiten)
34/38/38/42 M mit Nd Nr. 3 – 3,5 anschl. und 4 R im Perlmuster str. (siehe Rückenteil).
5. Reihe (Hin-R): 3/5/3/3 M im Perlmuster, aus der nächsten M 2 M herausstr., *8/8/5/6 M im Perlmuster, aus der nächsten M 2 M herausstr.; ab * wdh. bis zu den letzten 3/5/4/3 M; enden mit 3/5/4/3 M im Perlmuster (= 38/42/44/48 M).
Weiterstr. mit Nd Nr. 4.
Mit einer Rück-R beginnen und fortlaufend glatt re str., gleichzeitig für die Armschrägen in der 4. und jeder folgenden 4./5./6./7. R beidseitig je 1 M zun., bis 50/54/58/62 M erreicht sind. Gerade weiterstr., bis eine Gesamthöhe von 11/15/19/22 cm erreicht ist; enden mit einer Rück-R. Danach noch 28 R des Musterrapports str. Alle M locker abk.

FERTIGSTELLUNG
Alle Teile auf eine weiche Unterlage stecken, mit einem feuchten Tuch bedecken und trocknen lassen. Die Tunika fertig stellen wie den glatt re gestr. Pullover, jedoch die Seitennähte erst oberhalb der unteren 15 R zunähen.

VORDERTEIL
Das Vorderteil bis 16/16/20/20 R unterhalb der Schultern str. wie das Rückenteil, enden mit einer Rück-R li. Den Halsausschnitt auf die gleiche Weise str., wie beim glatt re gestr. Pullover angegeben, jedoch fortlaufend den Musterrapport str.

ÄRMEL
(2x arbeiten)
Bis ** arbeiten wie beim glatt re gestr. Pullover. Gerade weiterstr., bis eine Gesamthöhe von 14/18/22/25 cm (inklusive Rollrand) erreicht ist, enden mit einer Rück-R. Danach 16 R des Musterrapports str. Alle M locker abk.

FERTIGSTELLUNG
Alle Teile auf eine weiche Unterlage stecken, mit einem feuchten Tuch bedecken und trocknen lassen. Den Halsausschnitt mit den Knopflochblenden sowie die übrige Fertigstellung auf die gleiche Weise arbeiten, wie beim glatt re gestr. Pullover angegeben.

TUNIKA MIT PERLMUSTERSTREIFEN

RÜCKENTEIL
58/62/66/70 M mit Nd Nr. 3 – 3,5 anschl.
1. Reihe (Hin-R): [1 M re, 1 M li] bis RE str.
2. Reihe: [1 M li, 1 M re] bis RE str.
Die beiden letzten R ergeben das Perlmuster. Weitere 3 R im Perlmuster str.
Weiterstr. mit Nd Nr. 4.
6. Reihe (Rück-R): 3 M im Perlmuster, li str. bis zu den letzten 3 M; enden mit 3 M im Perlmuster.
7. Reihe: 3 M im Perlmuster, re str. bis zu den letzten 3 M; enden mit 3 M im Perlmuster.
Die beiden letzten R noch 4x wdh. Danach mit einer Rück-R beginnen und fortlaufend glatt re str., bis eine Gesamthöhe von 10/11/14/17 cm erreicht ist, enden mit einer Rück-R.

JACKE UND MÜTZE MIT EINGESTRICKTEN BORDÜREN

EINFACH HERZIG: MIT DIESER KOMBINATION AUS JACKE UND MÜTZE MIT EINGESTRICKTEN MOTIV-BORDÜREN ZIEHT IHR BABY GARANTIERT ALLE BLICKE AUF SICH.

MATERIAL

Rowan Handknit DK Cotton (LL 85 m/50 g) in folgenden Mengen und Farben: 200 g in Dunkelblau (Fb A); je 50 g in Königsblau (Fb B), Lila (Fb C), Grün (Fb D), Gelb (Fb E); Rot (Fb F)
4 Knöpfe für die Jacke; Stricknadeln Nr. 3 – 3,5 und 4

STRICKMUSTER

Glatt rechts: Hin-R re M, Rück-R li M.
Intarsientechnik: Das mehrfarbige Muster wird in Intarsientechnik nach Zählmuster gestr. Verwenden Sie für jedes Einzelmotiv einen eigenen kleinen Garnknäuel (z.B. auf eine Spule aus Kunststoff oder Pappe aufgewickelt) und verkreuzen Sie die Fäden dort, wo zwei Farbflächen aufeinander treffen, um Löcher zu vermeiden.
Norwegertechnik: Mehrfarbige Bordüren mit kleineren Rapporten werden in Norweger- oder Jacquardtechnik gestrickt. Dabei laufen die Fäden in den gerade nicht benötigten Farben locker auf der Rückseite der Arbeit mit. Beim Stricken nach Zählmuster werden alle ungeraden R von rechts nach links gelesen, sind also immer Hin-R, alle ungeraden R werden von links nach rechts gelesen und sind immer Rück-R.

MASCHENPROBE

20 M/28 R mit Nd Nr. 4 glatt re gestr. = 10 x 10 cm

MASSE

Alter	6 – 12 Monate
Fertig gestr. Oberweite	62 cm
Jackenlänge	27 cm
Unterarmlänge	20 cm

JÄCKCHEN

RÜCKENTEIL UND VORDERTEILE

(werden bis zum Armausschnitt in einem Stück gestr.)
122 M mit Nd Nr. 3 – 3,5 und Fb A anschl. Danach Fb B hinzunehmen.
1. Reihe (Hin-R): 2 M li mit Fb A; [2 M re mit Fb B, 2 M li mit Fb A] wdh. bis RE.
2. Reihe: 2 M re mit Fb A, [2 M li mit Fb B, 2 M re mit Fb A] wdh. bis RE.
3. und 4. Reihe: Wie 1. und 2. R, dabei in der Mitte der 4. R 1 M zun. (= 123 M). Weiterstr. mit Nd Nr. 4.
Mit der 1. R des Zählmusters von Seite 39 beginnen und in Intarsientechnik glatt re weiterstr., bis R 36 (= Rück-R) beendet ist. Danach werden Vorder- und Rückenteil für den Armausschnitt getrennt weitergearbeitet:

Rechtes Vorderteil

37. Reihe (Hin-R): Für das rechte Vorderteil 30 M im Muster str., die restl. M auf einem Maschenraffer stilllegen. Wenden und über die 30 M weitere 9 R str., enden mit Muster-R 46. Für die **vordere Schräge** am Beginn der nächsten R und jeder 2. folgenden R je 1 M abn., bis 17 M übrig sind. Noch 2 R str., enden mit Muster-R 73.
Für die **Schulter** am Beginn der nächsten R 9 M abk. Noch 1 R str., die restlichen 8 M abk.

Rückenteil

Danach die Arbeit über die stillgelegten M für das Rückenteil aufnehmen. Zunächst vom Armloch aus am Beginn 1 M abk., danach im Muster str., bis 61 M auf der re Nd sind. Arbeit wenden und die restl. M für das linke Vorderteil auf einem Maschenraffer stilllegen. Nach Zählmuster gerade str., bis Muster-R 72 beendet ist; enden mit einer Rück-R.
Für die **Schultern** am Beginn der nächsten beiden R je 9 M abk. und am Beginn der folgenden 2 R je 8 M abk. Die restlichen 27 M für den Halsausschnitt auf einem Maschenraffer stilllegen.

Linkes Vorderteil

Für das **li Vorderteil** die restlichen M der Hilfs-Nd aufnehmen, vom Armausschnitt aus die 1. M abk., im Muster bis RE str. (= 30 M). Danach 9 R str., enden mit Muster-R 46. Für die **vordere Schräge** am Ende der nächsten R und am Ende jeder 2. folgenden R je 1 M abn., bis 17 M übrig sind. Noch 1 R str., enden mit Muster-R 72. Für die **Schulter** am Beginn der nächsten R 9 M abk. und in der folgenden 2. R die restl. 8 M abk.

ÄRMEL

(2x arbeiten)
34 M mit Nd Nr. 3 – 3,5 und Fb A anschl. Fb B hinzunehmen und 4 R im zweifarbigen Rippenmuster str. (siehe Rückenteil), dabei in der letzten R gleichmäßig verteilt 3 M zun. (= 37 M). Weiterstr. mit Nd Nr. 4.
Mit R 1 des Zählmusters für Ärmel und Mütze auf Seite 38 beginnen, dabei für die **Armschrägen** in der 3. R und in jeder 4. folgenden R beidseitig je 1 M zun., bis 55 M erreicht sind. Zun. im Musterverlauf arbeiten. Gerade weiterstr., bis Muster-R 52 beendet ist. Alle M abk.

FERTIGSTELLUNG

Alle Teile auf eine weiche Unterlage stecken, mit einem feuchten

Tuch bedecken und trocknen lassen. Beide Schulternähte schließen. Für die **Knopflochblende** mit Fb A und Nd Nr. 3 – 3,5 Maschen wie folgt aufnehmen und re str.: aus der rechten Vorderteilkante 42 M bis zum Beginn der Halsschräge, aus der Halsschräge bis zur Schulternaht 38 M, aus dem rückwärtigen Halsausschnitt die 27 stillgelegten M der Hilfs-Nd, aus der linken Halsschräge 38 M und aus der linken Vorderteilkante 42 M (= 184 M). Fb B hinzunehmen und 1 R im zweifarbigen Rippenmuster str. (siehe Rückenteil).

Nächste Reihe (Hin-R = Knopfloch-R): 3 M im Rippenmuster, [1 U, 2 M re zus-str., 10 M im Rippenmuster] 3x str., 1 U, 2 M re zus-str., Rippenmuster bis RE. Weitere 2 R im Rippenmuster str., enden mit einer Hin-R. Mit Fb A alle M abk. Ärmel einnähen, Seiten- und Ärmelnähte schließen. Knöpfe annähen.

MÜTZE

MÜTZENHÄLFTE

(2x arbeiten)

38 M mit Nd Nr. 3 – 3,5 und Fb A anschl. und 4 R im zweifarbigen Rippenmuster str. (siehe Rückenteil der Jacke), dabei in der Mitte der letzten R 1 M abn. (= 37 M). Weiterstr. mit Nd Nr. 4. Mit einer Hin-R re und der 1. R des Zählmusters beginnen, in Intarsientechnik fortlaufend glatt re str., bis Muster-R 36 beendet ist. Alle M abk.

FERTIGSTELLUNG

Die Teile auf eine weiche Unterlage stecken, mit einem feuchten Tuch bedecken und trocknen lassen. Die seitliche und obere Mützennaht schließen. Aus Fb A 2 Kordeln von 5 cm Länge und 2 Quasten anfertigen. An einem Ende jeder Kordel eine Quaste befestigen. Je eine Kordel mit Quaste links und rechts an den oberen Mützenecken befestigen.

ZÄHLMUSTER FÜR ÄRMEL UND MÜTZE

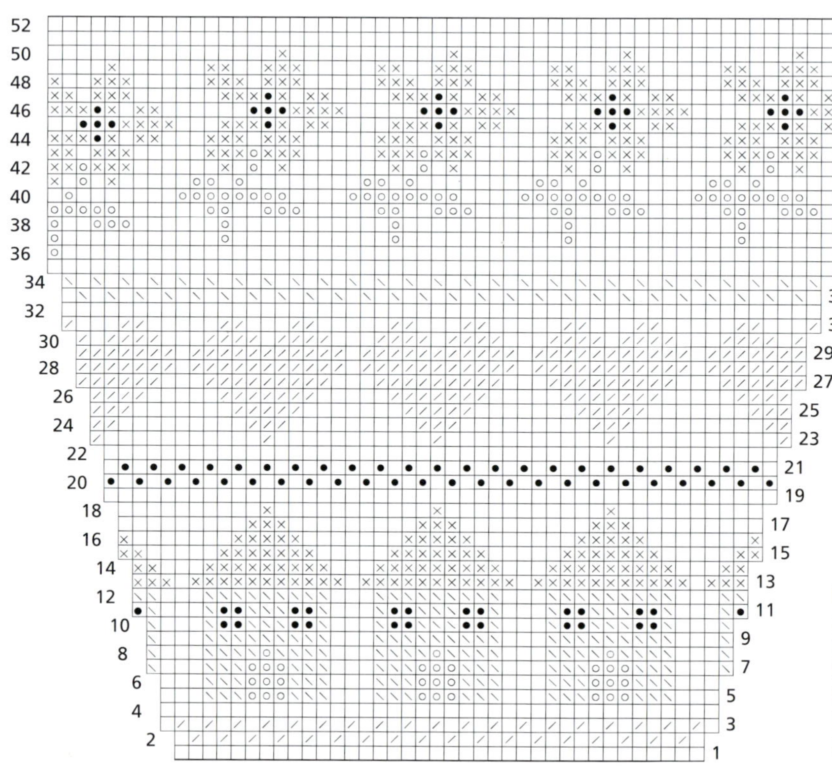

FARBSCHLÜSSEL

- ☐ = A (Dunkelblau)
- ⧅ = B (Königsblau)
- ⧄ = C (Lila)
- ◎ = D (Grün)
- ● = E (Gelb)
- ☒ = F (Rot)

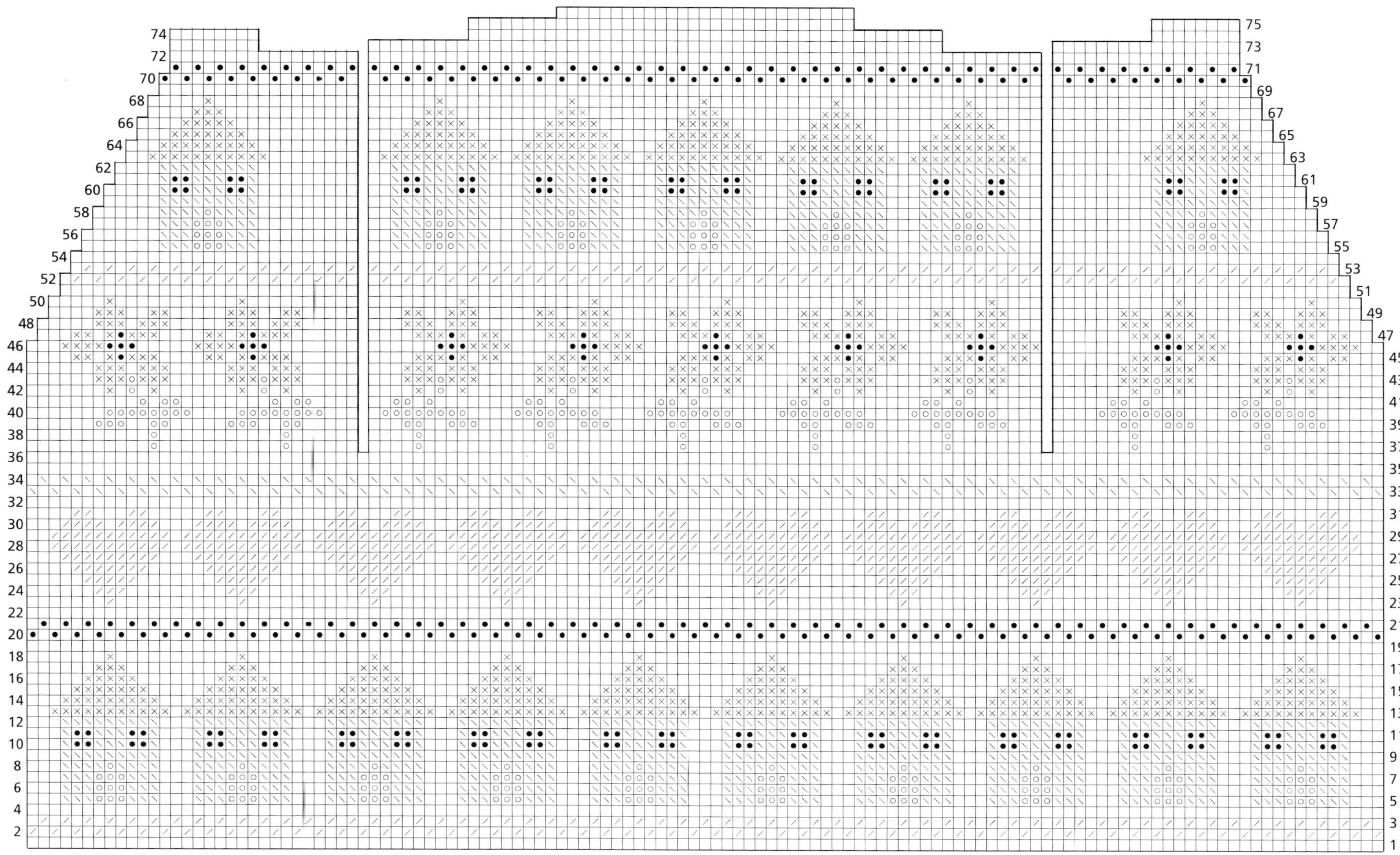

ZÄHLMUSTER FÜR RÜCKENTEIL UND VORDERTEILE

FARBSCHLÜSSEL

- □ = A (Dunkelblau)
- ⧅ = B (Königsblau)
- ⧄ = C (Lila)
- ◎ = D (Grün)
- ● = E (Gelb)
- ☒ = F (Rot)

PULLOVER, MÜTZE UND SCHUHE MIT RINGELMUSTER

DIESE HÜBSCHE KOMBINATION IST BESONDERS SCHNELL UND EINFACH ZU STRICKEN – DAS IDEALE PROJEKT FÜR EINSTEIGER.

PULLOVER

RÜCKENTEIL

64/70/76 M mit Fb A und Nd Nr. 3,5 anschl. und 3 R kraus re str. In der Farbfolge kraus re weiterstr.:

1. – 4. Reihe: Fb B
5. – 8. Reihe: Fb C
9. – 12. Reihe: Fb D
13. – 16. Reihe: Fb E
17. – 20. Reihe: Fb F
21. – 24. Reihe: Fb A

Diese 24 R ergeben den Musterrapport für die Streifenfolge und werden fortlaufend wdh. Gerade weiterstr., bis eine Gesamthöhe von 22/24/26 cm erreicht ist, enden mit einer Rück-R.

Halsausschnitt

In der folgenden R die mittleren 28/30/32 M auf einem Maschenraffer stilllegen. Beide Seiten getrennt beenden. Jede Seite weiterstr., bis eine Gesamthöhe von 24/26/28 cm erreicht ist; enden mit einer Rück-R. Alle M abketten.

VORDERTEIL

Wie das Rückenteil str., bis eine Gesamthöhe von 21/23/25 cm erreicht ist; enden mit einer Rück-R.

Halsausschnitt

Die mittleren 28/30/32 M auf einem Maschenraffer stilllegen. Beide Seiten getrennt beenden. Jede Seite weiterstr., bis eine Gesamthöhe von 24/26/28 cm erreicht ist. Alle M abk.

MATERIAL

Rowan Cotton Glace (LL 115 m/50 g) in folgenden Mengen und Farben: 100/100/150 g in Lavendel (Fb A); je 50/50/100 g in Hellgrün (Fb B), Pink (Fb C), Weiß (Fb D), Blau (Fb E) und Gelb (Fb F)
Stricknadeln Nr. 3 und 3,5; Häkelnadel Nr. 3,5; 2 Knöpfe

STRICKMUSTER

Kraus rechts: In Hin- und Rück-R re M str.

MASCHENPROBE

26 M/50 R mit Nd Nr. 3,5 kraus re gestr. = 10 x 10 cm

MASSE

Pullover

Alter	3	6	9 Monate
Fertig gestr. Oberweite	49	54	58 cm
Pulloverlänge	24	26	28 cm
Unterarmlänge	14	16	17,5 cm

Mütze und Schuhe

Einheitsgröße für 3 – 9 Monate.
Hinweis: Die Angaben für die einzelnen Größen sind durch Schrägstriche voneinander getrennt; die erste Angabe bezieht sich auf die kleinste Größe. Steht nur eine Angabe, so gilt sie für alle Größen. Nähere Angaben zum verwendeten Garn finden Sie auf Seite 21.

ÄRMEL

Mit Fb A 39/44/49 M mit Nd Nr. 3,5 anschl. und für die Manschette 3 R mit Fb A str., danach weitere 27 R in der Streifenfolge str. (siehe Rückenteil).
Weiterstr. mit Nd Nr. 3.

Armschrägen

Beginnen mit 3 R in Fb A, danach in der Streifenfolge str. (siehe Rückenteil), gleichzeitig für die **Armschrägen** in der 5. R und in jeder folgenden 7./8./9. R beidseitig je 1 M zun., bis 53/58/65 M erreicht sind. Gerade weiterstr., bis eine Gesamthöhe von 19/21/23 cm erreicht ist; enden mit einer Rück-R. Alle M abk.

FERTIGSTELLUNG

Alle Teile auf eine weiche Unterlage stecken, mit einem feuchten Tuch bedecken und trocknen lassen. Die rechte Schulternaht schließen. Für die Blende mit Nd Nr. 3 und Fb A Maschen von rechts aufnehmen wie folgt und re str.: aus der linken Halsausschnittkante des Vorderteils 11 M, die stillgelegten mittleren 28/30/32 M, aus der rechten Halsausschnittkante des Vorderteils 11 M, aus der linken rückwärtigen Halsausschnittkante 7 M, die stillgelegten rückwärtigen 28/30/32 M, aus der rechten rückwärtigen Halsausschnittkante 7 M (= 92/96/100 M).
Nächste R (Rück-R): 5 M re, 1 M abh., 1 M re, die abgeh. M über die re gestr. M heben, 2 M re zus-str., 24/26/28 M re, 1 M abh., 1 M re, die abgeh. M über die re gestr. M heben, 2 M re zus-str., 14 M re, 1 M abh., 1 M re, die abgeh. M über die re gestr. M heben, 2 M re zus-str., 24/26/28 M re, 1 M abh., 1 M re, die abgeh. M über die re gestr. M heben, 2 M re zus-str., 9 M re. Alle M abk.
2 Knopflochschlaufen mit Fb A an der Schulterkante des Vorderteils arbeiten. Ärmel einnähen. Ärmel- und Seitennähte schließen, dabei an den unteren Ärmelnähten die Manschettennaht von der Gegenseite zunähen. Manschette nach außen umschlagen.

MÜTZE

Ohrenklappen

Für die Ohrenklappen (2 x str.) 6 M mit Fb B und Nd Nr. 3,5 anschl. und 3 R kraus re str., danach in der Streifenfolge str. (siehe Rückenteil des Pullovers), und gleichzeitig in den nächsten 4 R und noch 3 x in jeder folgenden 2. R beidseitig je 1 M zun. (= 20 M). Gerade weiterstr., bis 4 R in Fb A beendet sind. Faden abbrechen und die M stilllegen.

Kopfteil

14 M mit Fb B und Nd Nr. 3,5 anschl., danach von re über die 20 M einer Ohrenklappe re str., weitere 32 M anschl., danach von re über die 20 M der 2. Ohrenklappe re str. und danach noch einmal 14 M anschl. (= 100 M). In der Streifenfolge (siehe Rückenteil) gerade weiterstr., bis das Kopfteil eine Höhe von 10/12/14 cm hat; enden mit einer Rück-R. Anschließend Abnahmen arbeiten wie folgt:
1. Reihe (Hin-R): 1 M re, [2 M re zus-str., 7 M re] wdh. bis RE (= 89 M).
2. – 4. Reihe: Kraus re str.
Die 2., 4., 6., 8., 10., 12., 14., 16. und 18. R immer re str.
5. Reihe: 1 M re, [2 M re zus-str., 6 M re] wdh. bis RE (= 78 M).
7. Reihe: 1 M re, [2 M re zus-str., 5 M re] wdh. bis RE (= 67 M).
9. Reihe: 1 M re, [2 M re zus-str., 4 M re] wdh. bis RE (= 56 M).
11. Reihe: 1 M re, [2 M re zus-str., 3 M re] wdh. bis RE (= 45 M).
13. Reihe: 1 M re, [2 M re zus-str., 2 M re] wdh. bis RE (= 34 M).
15. Reihe: 1 M re, [2 M re zus-str., 1 M re] wdh. bis RE (= 23 M).
17. Reihe: 1 M re, [2 M re zus-str.] wdh. bis RE (= 12 M).
Faden abbrechen und durch die restlichen M ziehen, die M zusammenziehen, den Faden nach innen vernähen. Hintere Naht schließen.

Den unteren Rand entlang des Kopfteiles und der Ohrenklappen mit einer Runde fester M umhäkeln, die Runde mit einer Kett-M. schließen, danach den Rand mit einer Runde Krebs-M (feste M von links nach rechts) beenden. Faden abbrechen.
In Farbe A zwei Quasten arbeiten und zwei Kordeln von ca. 7 cm Länge drehen. Eine Kordel an jeder Ohrenklappe befestigen und das Kordelende mit einer Quaste schmücken.

SCHUHE

(2x arbeiten)

Schaft

Mit Nd Nr. 3,5 und Fb A 36 M anschl. und 3 R mit Fb A kraus re str.; danach in der Streifenfolge fortfahren (siehe Rückenteil des Pullovers). 27 R str., enden mit 4 R in Fb A.

Oberseite

31. Reihe (Hin-R): 24 M re, Arbeit wenden.
32. Reihe: 12 M re, Arbeit wenden.

Über diese 12 M weitere 22 R str. Faden abbrechen. Mit neuem Faden von rechts zum Ende der letzten vollständigen R zurückkehren, zunächst die 12 M vor dem Fußoberteil re str., aus der Seitenkante des Fußoberteils 12 M aufnehmen und re str., danach die 12 M des Oberteils re str., aus der nächsten Seitenkante des Oberteils 12 M aufnehmen und re str. und die restlichen 12 M der Nd str. (= 60 M). Weitere 11 R str., enden mit einer Rück-R. Faden abbrechen.

Sohle

Nächste Reihe (Hin-R):
Die ersten 24 M auf die rechte Nd heben, mit neuem Faden die nächsten 12 M re str., Arbeit wenden.
Nächste Reihe: 11 M re, 2 M re zus-str., Arbeit wenden.
Die letzte R wdh., bis noch 12 M übrig sind.
Nächste Reihe: [2 M re zus-str.] wdh. bis zum R-Ende.
Die letzte R noch 1x wdh.
Die restlichen 3 M abk. Die rückwärtige Naht schließen.

Farbvariante: Leuchtende Töne setzen einen kräftigen Akzent.

JÄCKCHEN UND SCHUHE IM PERLMUSTER MIT STICKEREI

GIBT ES ETWAS FEINERES FÜR EIN KLEINES MÄDCHEN ALS EIN ZART BESTICKTES JÄCKCHEN IM PERLMUSTER?

JÄCKCHEN

RÜCKENTEIL
117 M mit Nd Nr. 3 – 3,5 anschl.
1. Reihe (Hin-R): 1 M re, [1 M li, 1 M re] str. bis RE.
Diese R teilt das Perlmuster ein. In diesem Muster fortlaufend str., bis eine Gesamthöhe von 18 cm erreicht ist; enden mit einer Rück-R.

Passe
Nächste Reihe (Hin-R): [1 M re, 1 M li, 1 M re, 3 M li zus-str.] wdh. bis zu den letzten 3 M; enden mit 1 M re, 1 M li, 1 M re (= 79 M.) Gerade weiterstr., bis eine Gesamthöhe von 22 cm erreicht ist; enden mit einer Rück-R.

Armausschnitte
Am Beginn der nächsten beiden R je 3 M abk. (= 73 M). Danach in den nächsten 6 R beidseitig je 1 M abk. (= 61 M). Gerade weiterstr., bis eine Gesamthöhe von 32 cm erreicht ist; enden mit einer Rück-R.

MATERIAL

200 g Rowan True 4 ply Botany (LL 170 m/50 g) in Wollweiß sowie Reste der gleichen Qualität in Pink, Rosa, Zartrosa, Grün und Blau für die Stickerei
Stricknadeln Nr. 3 – 3,5 für das Jäckchen und 2,5 – 3 für die Schuhe; 5 Knöpfe

STRICKMUSTER
Perlmuster: 1 M re, 1 M li im Wechsel str.; in der Rück-R die M str. wie in der Hin-R (= re M auch in der Rück-R re str., li M wieder li str.).
Glatt rechts: In Hin-R re M, in Rück-R li M str.

MASCHENPROBE FÜR DAS JÄCKCHEN
28 M/40 R mit Nd Nr. 3 – 3,5 im Perlmuster gestr. = 10 x 10 cm

MASSE

Alter	3 – 9 Monate
Fertig gestr. Oberweite	56 cm
Länge	32 cm
Unterarmlänge	17 cm

Abkürzungen siehe Seite 20. Angaben zum Garn siehe Seite 21.

Schulterschrägen
Am Beginn der nächsten 4 R je 10 M abk. Die restlichen 21 M abk.

LINKES VORDERTEIL
65 M mit Nd Nr. 3 – 3,5 anschl. Im Perlmuster str., bis eine Gesamthöhe von 18 cm erreicht ist; enden mit einer Rück-R.

Passe
Nächste Reihe (Hin-R): [1 M re, 1 M li, 1 M re, 3 M li zus-str.] str. bis zu den letzten 5 M; enden mit [1 M re, 1 M li] 2 x, 1 M re (= 45 M). Gerade weiterstr., bis eine Gesamthöhe von 22 cm erreicht ist; enden mit einer Rück-R.

Armausschnitt
Am Beginn der nächsten R 3 M abk. (= 42 M). Danach 1 R str. Für den Armausschnitt am Beginn der nächsten 6 R je 1 M abk. (= 36 M). Gerade weiterstr., bis eine Gesamthöhe von 28 cm erreicht ist; enden mit einer Hin-R.

Vorderer Halsausschnitt
Am Beginn der nächsten R 7 M abk. (= 29 M). Danach in den nächsten 9 R am Halsausschnitt je 1 M abk. (= 20 M). Gerade weiterstr., bis eine Gesamthöhe von 32 cm erreicht ist; enden mit einer Rück-R.

Schulterschräge
Am Beginn der nächsten R und in der folgenden 2. R 2 x je 10 M abk.

RECHTES VORDERTEIL
65 M mit Nd Nr. 3 – 3,5 anschl. Im Perlmuster str., bis eine Gesamthöhe von 17 cm erreicht ist; enden mit einer Rück-R.
Nächste Reihe (Hin-R = Knopfloch-R): 3 M im Perlmuster, 3 M abk., Perlmuster bis RE.
Nächste Reihe: Im Perlmuster str., dabei über den 3 abgeketteten M der Vorr. 3 M neu anschl. Das rechte Vorderteil gegengleich zum linken Vorderteil beenden, gleichzeitig noch 4 weitere Knopflöcher im Abstand von je 2,5 cm zueinander str.

ÄRMEL
43 M mit Nd Nr. 3 – 3,5 anschl. und 6 R im Perlmuster str. Danach 12 R glatt re str., dabei mit einer Hin-R re beginnen.

Armschrägen
Im Perlmuster weiterstr., dabei für die Armschrägen in der nächsten R und in jeder folgenden 4. R beidseitig je 1 M zun., bis 67 M erreicht sind. Gerade weiterstr., bis eine Gesamthöhe von 17 cm erreicht sind; enden mit einer Rück-R.

Armkugel
Am Beginn der nächsten beiden R je 3 M abk. (= 61 M). In den nächsten 18 R beidseitig je 1 M abn. (= 25 M). Die restl. M abk.

KRAGEN
71 M mit Nd Nr. 3 – 3,5 anschl. und 6 R im Perlmuster str.
7. Reihe (Hin-R): 6 M im Perlmuster, 59 M re, 6 M im Perlmuster.
8. Reihe: 6 M im Perlmuster, 59 M li, 6 M im Perlmuster.
Die 7. und 8. R noch 7x wdh., danach die 7. R noch 1x wdh.
Weitere 5 R über alle M im Perlmuster str. Danach am Beginn der nächsten 4 R je 10 M abk. Die restl. 31 M abk.

FERTIGSTELLUNG:
Alle Teile auf eine weiche Unterlage stecken, mit einem feuchten Tuch bedecken und trocknen lassen. Die Schulternähte schließen.
Den Kragen mit der Abkettreihe an der Halsausschnittkante befestigen (jeweils 3 M von der linken und rechten Vorderteilkante aus eingerückt). Ärmel einnähen, Ärmel- und Seitennähte schließen.
Knöpfe annähen.
Kragen und Manschette mit Blättern und Stielen im Margeritenstich besticken. Mit Pink, Rosa, Zartrosa 5 Blütenblätter – alle von einem Punkt ausgehend – aufsticken. Mit Blau im Knötchenstich die Mitte der Blüte füllen. Mit Grün im Stielstich Stiele und Blättchen aufsticken. (Erklärung der Stickstiche auf Seite 18/19)

SCHUHE

(2x arbeiten)

Schaft
Am oberen Rand beginnen und 39 M mit Nd Nr. 2,5 – 3 anschl.
1. Reihe (Hin-R): 1 M re, [1 M li,1 M re] wdh. bis RE.
Diese R teilt das Perlmuster ein. Weitere 5 R str. Anschließend mit einer Hin-R beginnen und 20 R glatt re str.
Weiterstr. mit Nd Nr. 3 – 3,5.

Ferse
27. Reihe (Hin-R): 7 M re, 2 M re zus-str., [8 M re, 2 M re zus-str.] str. bis RE (= 35 M).
28. Reihe: 1 M re, [1 M li, 1 M re] wdh. bis RE.
29. Reihe: 1 M li, [1 M re, 1 M li] wdh. bis RE.
30. Reihe: [1 M re, 2 M li zus-str., 1 U; 1 M li] bis zu den letzten 3 M; enden mit 1 M re, 1 M li, 1 M re.
31. Reihe: Wie 29. R str.
32. Reihe: Wie 28. R str.

Oberseite
33. Reihe (Hin-R): 23 M re, Arbeit wenden.
34. Reihe: 11 M li, Arbeit wenden. Die nächste R mit 1 M re beginnen, danach über die 11 M 24 R im Perlmuster str. Faden abbrechen. Mit neuem Faden von rechts die ersten 12 M der Nd re str., aus der Seitenkante des Fußoberteiles 15 M aufn. und re str., über die 11 M des Fußoberteiles im Perlmuster str., aus der 2. Seitenkante des Fußoberteiles 15 M aufn. und re str., danach die restl. 12 M re str. (= 65 M).
Die folgende R mit 1 M li beginnen und im Perlmuster weitere 9 R str.

Sohle
Nächste Reihe (Hin-R): 2 M re zus-str., 29 M im Perlmuster, 3 M re zus-str., 29 M im Perlmuster, 2 M re zus-str. 1 R im Perlmuster ohne Abn. str.
Nächste Reihe: 2 M li zus-str., 27 M im Perlmuster, 3 M li zus-str., 27 M im Perlmuster, 2 M li zus-str.
1 R im Perlmuster ohne Abn. str.
Nächste Reihe: 2 M re zus-str., 25 M im Perlmuster, 3 M re zus-str., 25 M im Perlmuster, 2 M re zus-str.
1 R im Perlmuster ohne Abn. str. Alle M abk.
Den glatt re gestr. Teil des Schafts besticken, wie beim Jäckchen angegeben. Die untere und die rückwärtige Naht schließen. 2 Kordeln drehen und 4 kleine Pompons anfertigen. Die Kordeln durch die Lochreihen ziehen, die Pompons an den Enden der Kordeln befestigen.

Das Jäckchen sieht auch in Marineblau ganz entzückend aus. Es wurde in denselben Farben wie das wollweiße Jäckchen bestickt.

WESTE

DIE NIEDLICHE REISSVERSCHLUSSWESTE HAT EINE WARME KAPUZE MIT ÖHRCHEN.

RÜCKENTEIL
42/46/50 M mit Nd Nr. 4 anschl.
1. Reihe (Hin-R): 2 M re, [2 M li, 2 M re] wdh. bis RE.
2. Reihe: 2 M li, [2 M re, 2 M li] wdh. bis RE.
3. – 6. Reihe: 1. und 2. R 2x wdh., dabei am Beginn und am Ende der 6. R 1 M zun. (= 44/48/52 M).
Weiterstr. mit Nd Nr. 4,5. Mit einer Hin-R re beginnen und glatt re str., bis eine Gesamthöhe von 12/14,5/17 cm erreicht ist. Die letzte R ist eine Rück-R.

Armausschnitte
Am Beginn der nächsten beiden R jeweils 2/3/4 M abk. (= 40/42/44 M). Dann am Beginn und am Ende der nächsten und 2x in jeder folgenden 2. R jeweils 1 M abn. (= 34/36/38 M). Glatt re str., bis eine Gesamthöhe von 24/29/34 cm erreicht ist. Die letzte R ist eine Rück-R.

Schultern
Am Beginn der nächsten 4 R jeweils 5 M abk. Die verbleibenden 14/16/18 M stilllegen.

TASCHEN
Innentasche links
17/18/19 M mit Nd Nr. 4,5 anschl. und 31/35/39 M glatt re str. (1. R = Hin-R). Alle M stilllegen.

Innentasche rechts
17/18/19 M mit Nd Nr. 4,5 anschl. und 32/36/40 M glatt re str. (1. R = Hin-R). Alle M stilllegen.

RECHTES VORDERTEIL
21/21/25 M mit Nd Nr. 4 anschl.
1. Reihe (Hin-R): [2 M re, 2 M li] wdh. bis zu den letzten 5 M; enden mit 5 M re.
2. Reihe: 3 M re, 2 M li, [2 M re, 2 M li] wdh. bis RE.
3. – 6. Reihe: 1. und 2. R 2x wdh., dabei in der 6. R gleichmäßig verteilt 2/4/2 M zun. (= 23/25/27 M). Weiterstr. mit Nd Nr. 4,5.
7. Reihe (Hin-R): Re M str.
8. Reihe: 3 M re, li M str. bis RE.
Die 7. und 8. R legen das Muster fest. In diesem Muster weitere 2/4/6 R str.

Tascheneingriff
Im Muster weiterstr.; dabei am Beginn der nächsten R 4 M abk. und 1 weitere R ohne Abn. str.
Am Beginn der nächsten und jeder 2. folgenden R jeweils 1 M abn., bis 6/7/8 M übrig bleiben. Die letzte R ist eine Hin-R.
Nächste Reihe (Rück-R): 3 M re, 3/4/5 M li, dann die stillgelegten M der linken Innentasche li str. (= 23/25/27 M).

MATERIAL

150/200/250 g *Jaeger Persia* (LL 100 m/50 g) in Grau; Stricknadeln Nr. 4 und 4,5; Reißverschluss, 20/25/30 cm lang

STRICKMUSTER
Rippenmuster: In Hin-R 2 M re, 2 M li im Wechsel str.; in Rück-R die M str., wie sie erscheinen.
Glatt rechts: Hin-R re M, Rück-R li M.

MASCHENPROBE
16 M/26 R mit Nd Nr. 4,5 glatt re gestr. = 10 x 10 cm

MASSE

Alter (Monate)	3	6 – 12	12 – 24
Fertig gestr. Oberweite	55	60	65 cm
bis zur Schulter	24	29	34 cm

Hinweis: Die Angaben für die einzelnen Größen sind durch Schrägstriche voneinander getrennt; die erste Angabe bezieht sich auf die kleinste Größe.

Gerade weiterstr., bis die Armausschnitthöhe des Rückenteils erreicht ist. Die letzte R ist eine Rück-R.

Armausschnitt

Im Muster weiterstr., dabei am Beginn der nächsten R 2/3/4 M abk. (= 21/22/23 M). 1 R ohne Abn. str.

Auf der Seite des Armausschnitts in der nächsten und der 2. folgenden R jeweils 1 M abn. (= 19/20/21 M).

Gerade weiterstr., bis das Vorderteil eine Gesamthöhe von 21/26/31 cm erreicht hat. Die letzte R ist eine Hin-R.

Halsausschnitt

Am Beginn der nächsten R 4/5/6 M abk. (= 15 M).

Auf der Seite des Halsausschnittes in jeder R 1 M abn., bis 10 M übrig bleiben. Einige R ohne Abn. arbeiten, bis das Vorderteil die Schulterhöhe des Rückenteils erreicht hat. Die letzte R endet auf der Seite des Armausschnitts.

Schulter

Am Beginn der nächsten R 5 M abk.

1 R ohne Abn. str., dann die restlichen 5 M abk.

RECHTES VORDERTEIL

21/21/25 M mit Nd Nr. 4 anschl.

1. Reihe (Hin-R): 5 M re, [2 M li, 2 M re] wdh. bis RE.

2. Reihe: [2 M li, 2 M re] wdh. bis zu den letzten 5 M; enden mit 2 M li, 3 M re.

3. – 6. Reihe: 1. und 2. R 2x wdh., dabei in der 6. R gleichmäßig verteilt 2/4/2 M zun. (= 23/25/27 M).

Weiterstr. mit Nd Nr. 4,5.

7. Reihe: Re M str.
8. Reihe: Li M str. bis zu den letzten 3 M; enden mit 3 M re.
Die 7. und 8. R legen das Muster fest. In diesem Muster weitere 3/5/7 R str.

Tascheneingriff

Im Muster weiterstr.; dabei am Beginn der nächsten R 4 M abk. und eine weitere R ohne Abn. str.
Am Beginn der nächsten und jeder 2. folgenden R jeweils 1 M abn., bis 6/7/8 M übrig bleiben. Die letzte R ist eine Rück-R.
Nächste Reihe (Hin-R): 6/7/8 M re, dann die stillgelegten M der rechten Innentasche re str. (= 23/25/27 M).
Gerade weiterstr., bis die Armausschnitthöhe des Rückenteils erreicht ist. Die letzte R ist eine Hin-R.

Armausschnitt

Im Muster weiterstr., dabei am Beginn der nächsten R 2/3/4 M abk. (= 21/22/23 M).
1 R ohne Abn. str.
Auf der Seite des Armausschnitts in der nächsten und der 2. folgenden R jeweils 1 M abn. (= 19/20/21 M).
Gerade weiterstr., bis das Vorderteil eine Gesamthöhe von 21/26/31 cm erreicht hat. Die letzte R ist eine Rück-R.

Halsausschnitt und Schulter

Gegengleich zum linken Vorderteil arbeiten.

KAPUZE

16 M mit Nd Nr. 4 anschl, anschließend re M über die 14/16/18 stillgelegten M des Rückenteils str., dann weitere 16 M anschl. (= 46/48/50 M).
Nächste Reihe (Rück-R): 4/3/2 M li str., [2 M aus der nächsten M herausstr.; 2 M li] wdh. bis RE (= 60/63/66 M).
Mit einer Hin-R re beginnen und glatt re weiterstr, bis die Kapuze eine Höhe von 17/18/19 cm erreicht hat. Die letzte R ist eine Rück-R.

Oberseite

Nächste Reihe (Hin-R): 20/21/22 M abk; re M str., bis 20/21/22 M auf der rechten Nd liegen, die übrigen 20/21/22 M abk.
Mit der linken Seite der Strickarbeit nach oben neuen Faden ansetzen und li M bis RE str. Weitere 12/12/13 cm glatt re str. Die letzte R ist eine Rück-R. Alle M stilllegen.

KAPUZENBLENDE

Die Nähte der Kapuze schließen.
Entlang der rechten Seite der Kapuze 27/29/30 M gleichmäßig verteilt aus der rechten Seite der Kapuze aufnehmen und re str., über die 20/21/22 stillgelegten Maschen re str., 27/28/30 M gleichmäßig verteilt aus der linken Seite der Kapuze aufnehmen (= 74/78/82 M).
Mit der 2. R des Rippenmusters (siehe Rückenteil) beginnen und 3 R im Rippenmuster str. Alle M im Rippenmuster abk.

OHREN

(2x arbeiten)
12 M mit Nd Nr. 4,5 anschl. und 6 R glatt re str. (1. R = Hin-R re).
Am Beginn und am Ende der nächsten und der 2. folgenden Reihe jeweils 1 M abnehmen (= 8 M).
1 R li M str.; anschließend alle M abk.

INNENOHR (2x arbeiten)

Wie die Ohren arbeiten, aber Nd Nr. 4 verwenden.

TASCHENBLENDEN

Von der rechten Seite der Arbeit her mit Nd Nr. 4 gleichmäßig verteilt 26 M entlang des Tascheneingriffs aufnehmen und re M str.
Mit der 1. R des Rippenmusters (siehe Rückenteil) beginnen und 3 R im Rippenmuster str.; anschließend alle M abk.

ARMAUSSCHNITTBLENDEN

Schulternähte schließen. Von der rechten Seite der Arbeit her mit Nd Nr. 4 gleichmäßig verteilt 58/66/74 M rund um das Armloch zunehmen.
Mit der 1. Rippenmuster-R beginnen und 3 R wie beim Rückenteil str. Alle M mustergemäß abk.

FERTIGSTELLUNG

Den Anschlagrand der Kapuze auf den Halsausschnitt der Vorderteile nähen. Ohren und Innenohren rechts auf rechts zusammennähen, wenden und die verbliebene Öffnung schließen. Ohren annähen. Taschenfutter auf der Innenseite der Weste annähen. Die Seitennähte und die Schmalseiten der Armausschnittblenden zusammennähen. Reißverschluss einnähen.

JÄCKCHEN MIT SPITZENBORTE

DIE SPITZENBORTE VERLEIHT DIESEM JÄCKCHEN DAS GEWISSE ›ETWAS‹: EIN PRACHTSTÜCK FÜR DIE AUSFAHRT MIT DEM KINDERWAGEN!

RECHTES VORDERTEIL

54 M mit Nd Nr. 3,5 – 4 anschl.

1. Reihe: [1 M re, 1 M li] 2x; re M str. bis RE.

2. Reihe: Li str. bis zu den letzten 4 M; enden mit [1 M li, 1 M re] 2x. Die beiden letzten R teilen die M ein: 4 M für die vordere Blende im Perlmuster, die übrigen M im Grundmuster (glatt rechts). In dieser Einteilung str., bis eine Gesamthöhe von 17 cm erreicht ist, enden mit einer Hin-R.

Nächste Reihe (Rück-R): 2 M li, 2 M li zus-str., *3 M li zus-str., [2 M li zus-str.] 2x; 2 M li, [2 M li zus-str.] 2x; ab * wdh. bis zu den letzten 11 M; enden mit 3 M li zus-str., 2 M li zus-str., 2 M li, 4 M im Perlmuster (= 32 M).

Weiterstr. mit Nd Nr. 3 – 3,5 und 2 R im Perlmuster über alle M str.

Nächste Reihe (Hin-R = Knopfloch-R): 2 M im Perlmuster, 1 U, 2 M li zus-str., Perlmuster bis RE. Weitere 3 R im Perlmuster str.

Weiterstr. mit Nd Nr. 3,5 – 4 und noch 3 R glatt re mit 4 Blenden-M im Perlmuster str.; enden mit einer Hin-R.

Armausschnitt

In der gegebenen Einteilung weiterstr. und am Beginn der nächsten R 3 M abk. (= 29 M).

In der nächsten R am Armausschnitt 1 M abn. 1 R ohne Abn. str.

Nächste Reihe (Hin-R = Knopfloch-R): 2 M im Perlmuster, 1 U, 2 M li zus-str., re M str. bis zu den letzten 2 M; enden mit 2 M re zus-str.

Danach 1 R ohne Abn. str.

Am Armausschnitt in der nächsten R 1 M abn. (= 26 M).

Weitere 15 R str., dabei gleichzeitig in der 8. R ein 3. Knopfloch str.; enden mit einer Rück-R.

Halsausschnitt

Am Beginn der nächsten Hin-R 7 M im Muster str. und diese M für die spätere Halsblende stilllegen; re M str. bis RE (= 19 M).

** Am Halsausschnitt in jeder R 1 M abn., bis 14 M übrig sind. Gerade weiterstr., bis eine Armausschnitthöhe von 10 cm erreicht ist, enden mit einer Hin-R.

Schulter

Für die Schulterschräge am Beginn der nächsten R und am Beginn der folgenden 2. Reihe 2x je 7 M abk.

LINKES VORDERTEIL

54 M mit Nd Nr. 3,5 – 4 anschl.

1. Reihe: Re str. bis zu den letzten 4 M; enden mit [1 M re, 1 M li] 2x.

2. Reihe: [1 M li, 1 M re] 2x; li str. bis RE.

Die beiden letzten R teilen die M ein: glatt re mit 4 M im Perlmuster für die vordere Blende. In dieser Einteilung weiterstr., bis eine Gesamthöhe von 17 cm erreicht ist; enden mit einer Hin-R.

Nächste Reihe (Rück-R): 4 M im Perlmuster, 2 M li, 2 M li zus-str.,

MATERIAL

200 g *Rowan Wool Cotton* (LL 113 m/50 g) in Rot
Stricknadeln Nr. 3 – 3,5 und 3,5 – 4
4 Knöpfe

STRICKMUSTER

Glatt rechts: Hin-R re M, Rück-R li M.

Perlmuster: 1 M re, 1 M li im Wechsel str.; in der Rück-R die M str. wie in der Hin-R (= re M auch in der Rück-R re str., li M wieder li str.).

MASCHENPROBE

22 M/30 R mit Nd Nr. 3,5 – 4 glatt re gestr. = 10 x 10 cm

MASSE

Alter	6 – 12 Monate
Fertig gestr. Oberweite	51 cm
Länge	32 cm
Unterarmlänge	16 cm

Abkürzungen siehe Seite 20.

*3 M li zus-str., [2 M li zus-str.] 2x, 2 M li, [2 M li zus-str.] 2x; ab * wdh. bis zu den letzten 7 M; enden mit 3 M li zus-str., 2 M li zus-str., 2 M li (= 32 M). Weiterstr. mit Nd Nr. 3 – 3,5 und 6 R über alle M im Perlmuster str. Weiterstr. mit Nd Nr. 3,5 – 4 und noch 2 R glatt re mit 4 Blenden-M im Perlmuster str., enden mit einer Rück-R.

Armausschnitt
Am Beginn der nächsten R 3 M abk. (= 29 M).
Danach 1 R ohne Abn. str.
Am Beginn der nächsten R und 1x am Beginn der folgenden 2. R je 1 M abk. (= 26 M). Weitere 14 R str., enden mit einer Hin-R.

Halsausschnitt
Am Beginn der nächsten Hin-R 7 M im Muster str. und diese M für die spätere Halsblende stilllegen; re M str. bis RE (= 19 M). Das linke Vorderteil ab ** gegengleich zum rechten Vorderteil beenden.

RÜCKENTEIL
102 M mit Nd Nr. 3,5 – 4 anschl. Mit einer Hin-R re beginnen und glatt re str., bis eine Gesamthöhe von 17 cm erreicht ist; enden mit einer Hin-R.
Nächste Reihe (Rück-R): 2 M li, 2 M li zus-str. *3 M li zus-str., [2 M li zus-str.] 2x, 2 M li, [2 M li zus-str.] 2x; von * wdh. bis zu den letzten 7 M; enden mit 3 M li zus-str., 2 M li zus-str., 2 M li (= 56 M). Weiterstr. mit Nd Nr. 3 – 3,5.
Nächste Reihe: [1 M re, 1 M li] wdh. bis RE.
Diese R teilt das Perlmuster ein; weitere 5 R im Perlmuster str.
Glatt re mit Nd Nr. 3,5 – 4 weiterstr. (1. R = Hin-R).

Armausschnitte
Am Beginn der 3. und 4. folgenden R je 3 M abk. (= 50 M). In der nächsten R und 2x in jeder folgenden 2. R beidseitig je 1 M abn. (= 44 M). Gerade weiterstr., bis die gleiche Länge erreicht ist wie bei den Vorderteilen bis zum Beginn der Schulterschrägen.

Schultern
Am Beginn der nächsten 4 R jeweils 7 M abk. Die restl. 16 M für die spätere Halsausschnittblende stilllegen.

ÄRMEL (2x arbeiten)
30 M mit Nd Nr. 3,5 – 4 anschl. Mit einer Hin-R beginnen und glatt re str. Für die Armschrägen in der 5. R und in jeder folgenden 6. R beidseitig je 1 M zun., bis 40 M erreicht sind. Gerade weiterstr., bis eine Gesamthöhe von 13 cm erreicht ist, enden mit einer Rück-R.

Armkugel
Am Beginn der nächsten beiden R je 3 M abk. (= 34 M). In der nächsten R und in jeder folgenden 2. R beidseitig je 1 M abn., bis 20 M übrig sind, danach in jeder R beidseitig je 1 M abn., bis 10 M übrig sind. Alle M abk.

FERTIGSTELLUNG
Alle Teile auf eine weiche Unterlage stecken, mit einem feuchten Tuch bedecken und trocknen lassen. Beide Schulternähte schließen.

Halsblende
Mit Nd Nr. 3 3,5 von rechts die stillgelegten 7 M des rechten Vorderteils aufnehmen, mit neuem Faden aus dem Halsausschnitt des rechten Vorderteils 15 M aufnehmen und re str., die stillgelegten 16 M des hinteren Halsausschnitts re str. und dabei 2 M zun., aus dem Halsausschnitt des linken Vorderteils 15 M aufnehmen und re str., danach über die stillgelegten 7 M des linken Vorderteils in der Grundeinteilung str. (= 62 M). Über alle M 1 R im Perlmuster str.
Nächste Reihe (Hin-R = Knopfloch-R): 2 M im Perlmuster, 1 U, 2 M li zus-str., im Perlmuster bis RE.
Weitere 3 R im Perlmuster str., danach alle M locker im Muster abk.

Ärmelborte
(2x arbeiten)
4 M mit Nd Nr. 3 – 3,5 anschl.
1. Reihe (Hin-R): 2 M re, 1 U, 2 M re.
2. Reihe: 1 M abh., 4 M re.
3. Reihe: 3 M re, 1 U, 2 M re.
4. Reihe: 1 M abh., 5 M re.
5. Reihe: 2 M re, 1 U, 2 M re zus-str., 1 U, 2 M re.
6. Reihe: 1 M abh., 6 M re.
7. Reihe: 3 M re, 1 U, 2 M re zus-str., 1 U, 2 M re.
8. Reihe: 4 M abk., re M str. bis RE (= 4 M).
Diese 8 R ergeben den Musterrapport, diesen Rapport fortlaufend wdh., bis die Länge der Borte – leicht gedehnt – dem Umfang der unteren Ärmelkante entspricht; enden mit der 8. R des Musterrapportes. Alle M abk. Die Borte an der unteren Ärmelkante annähen.

Die Ärmel einnähen, Ärmel- und Seitennähte schließen.

Saumborte
4 M mit Nd Nr. 3 – 3,5 anschl. und im gleichen Musterrapport str., wie beim Ärmel angegeben. Wenn die Bortenlänge dem Saum-Umfang des Jäckchens entspricht, enden mit der 8. R des Rapports. Die M abk. und die Spitzenborte an die Unterkante des Jäckchens nähen. Knöpfe annähen.

GESTREIFTER STRAMPELANZUG

EIN SOLCHER OVERALL FÜR KLEINE KRABBLER IST PRAKTISCH UND BEQUEM ZUGLEICH.

MATERIAL

Je 100/100/150 g *Jaeger Matchmaker Merino 4-fädig* (LL 183 m/50 g) in Wollweiß (Fb A) und Grau (Fb B)
Stricknadeln Nr. 2,5 – 3 und 3 – 3,5; 7 Knöpfe

STRICKMUSTER
Glatt rechts: Hin-R re M, Rück-R li M.
Perlmuster: 1 M re, 1 M li im Wechsel str.; in der Rück-R die M str. wie in der Hin-R (= re M auch in der Rück-R re str., li M wieder li str.).

MASCHENPROBE
28 M/36 R mit Nd Nr. 3 – 3,5 glatt re gestr. = 10 x 10 cm

MASSE

Alter (Monate)	0-6	6 – 12	12 – 18
Fertig gestr. Oberweite	61	69	78 cm
Anzuglänge	51	57	64 cm
Unterarmlänge	17	18	19 cm

Hinweis: Die Angaben für die einzelnen Größen sind durch Schrägstriche voneinander getrennt; die erste Angabe bezieht sich auf die kleinste Größe. Steht nur eine Angabe, so gilt sie für alle Größen.

RÜCKENTEIL

Erstes Hosenbein
33/39/45 M mit Nd Nr. 2,5 – 3 und Fb A anschl.
1. Reihe (Hin-R): 1 M re, [1 M li, 1 M re] wdh. bis RE.
Diese Reihe legt das Perlmuster fest. Weiter 5 R im Perlmuster str.
Glatt re weiterstr. mit Nd Nr. 3 – 3,5 wie folgt:
7. Reihe (Hin-R): Re str. mit Fb A.
8. Reihe: Li str. mit Fb A.
9. Reihe: Re str. mit Fb B.
10. Reihe: Li str. mit Fb B.
In der 7. – 10. R wird die Streifenfolge festgelegt. In dieser Streifenfolge weiterstr. wie folgt: 8/12/16 R glatt re str. Am Beginn (innere Beinkante) der nächsten und jeder 4. folgenden R 1 M zun., bis 39/45/51 M erreicht sind. Gerade weiterstr., bis eine Gesamthöhe von 14/16/19 cm erreicht ist; enden mit einer Rück-R. ** Beide Fäden abbrechen und die M stilllegen.

Zweites Hosenbein
Bis ** arbeiten wie das erste Hosenbein, jedoch die Zunahmen jeweils am RE arbeiten und am Beginn der letzten R 7 M neu anschl. (= 46/52/58 M).

Hosenbeine verbinden
Nächste Reihe (Hin-R): Re str. über die 46/52/58 M des zweiten Hosenbeins, dann re M str. über die 39/45/51 M des ersten Hosenbeins (= 85/97/109 M). ***
Glatt re in der Streifenfolge weiterstr., bis eine Gesamthöhe von 41/46/52 cm erreicht ist; enden mit einer Rück-R.

Armausschnitte
In der Streifenfolge weiterstr. und am Beginn der nächsten beiden R jeweils 4 M abk. (= 77/89/101 M). Gerade weiterstr., bis eine Gesamthöhe von 51/57/64 cm erreicht ist; enden mit einer Rück-R. Beginn und Ende der letzten R mit einem kontrastfarbenen Faden markieren.

Halsausschnitt
Nächste Reihe (Hin-R): 28/33/38 M re str.
Die Arbeit wenden und beide Seiten getrennt beenden.
5x am Beginn der 5. folgenden R jeweils 3/4/5 M abk. (= 9/11/13 M).
Danach auf der Seite des Halsausschnitts in den nächsten 4/5/6 R jeweils 1 M abn. (= 5/6/7 M). Alle M abk.
Auf der rechten Seite der Arbeit beginnen und mit neuem Faden die andere Seite weiterstr. Die mittleren 21/23/25 M abk. und glatt re bis RE weiterstr. 1 R ohne Abn. str.
Die zweite Seite gegengleich zur ersten beenden, also die Abn. auf der entgegengesetzten Seite arbeiten.

VORDERTEIL
Bis *** wie das Rückenteil arbeiten.
Anschließend 15 R glatt re in der Streifenfolge str.

Schlitz
Nächste Reihe (Hin-R): 40/46/52 M re str., [1 M re, 1 M li] 2x, 1 M re.
Die Arbeit wenden und diese Seite zuerst beenden.
Nächste Reihe: [1 M re, 1 M li] 2x, li M str. bis RE.
In der dadurch festgelegten Einteilung mit 5 M im Perlmuster an der vorderen Öffnung gerade weiterstr. bis zum Beginn der Armausschnitte beim Rückenteil; enden mit einer Rück-R.

Armausschnitt
Am Beginn der nächsten R 4 M abk. (= 41/47/53 M).
Gerade weiterstr., bis eine Gesamthöhe von 47/53/60 cm erreicht ist; enden mit einer Rück-R.

Halsausschnitt
Am Beginn der nächsten R 8 M abk., anschließend 2x am Beginn der 2. folgenden R jeweils 2 M abk. Danach auf der Seite des Halsausschnitts in jeder folgenden R 1 M abk, bis 28/33/38 M übrig bleiben. Gerade weiterstr. bis zur Höhe der Markierungen beim Rückenteil; enden mit einer Rück-R. Alle M abk.

Von der rechten Seite der Arbeit einen neuen Faden an die verbliebenen 40/46/52 M anschlingen und glatt re in der Streifenfolge weiterstr. bis zum Beginn der Armausschnitte beim Rückenteil; enden mit einer Rück-R.

Armausschnitt

Am Beginn der nächsten R 4 M abk (= 36/42/48 M). Gerade weiterstr. bis zur Gesamthöhe von 47/53/60 cm; enden mit einer Rück-R.

Halsausschnitt

Am Beginn der nächsten R 3 M abk., anschließend 2x am Beginn der 2. folgenden R 2 M abk. (= 29/35/41 cm). Danach auf der Seite des Halsausschnitts in jeder folgenden R 1 M abn., bis 28/33/38 M übrig bleiben. Gerade weiterstr. bis zur Höhe der Markierungen beim Rückenteil; enden mit einer Rück-R. Alle M abk.

ÄRMEL

(2x arbeiten)

43/49/55 M mit Nd Nr. 2,5 – 3 und Fb A anschl. und 6 R im Perlmuster str. (siehe Rückenteil).

In der Streifenfolge weiterstr. mit Nd Nr. 3 – 3,5 und dabei am Beginn und am Ende der 3. und jeder 5./6./7. folgenden R 1 M zun., bis 59/63/69 M erreicht sind.

Gerade weiterstr., bis der Ärmel eine Gesamthöhe von 17/18/19 cm hat; enden mit einer Rück-R. Alle M abk.

LINKE AUSSCHNITTBLENDE

Von der rechten Seite der Arbeit her mit Nd Nr. 2,5 – 3 und Fb A 23/25/27 M aus der linken Seite des Halsausschnitts vom Abkettrand der linken Schulter bis zum Beginn des Schlitzes aufnehmen und re str. 3 R glatt re str. (1. und 3. R = Rück-R li).

Lochreihe (Hin-R): 1 M re, [1 U, 2 M re zus-str.] wdh. bis RE. Weitere 3 R glatt re str, dann alle M abk.
Die Mäusezähnchenblende entlang der Loch-R falten und mit unsichtbaren Stichen annähen.

RECHTE AUSSCHNITTBLENDE
Von der rechten Seite der Arbeit her mit Nd Nr. 2,5 – 3 und Fb A 64/70/76 M aus der rechten Seite der vorderen Öffnung vom unteren Ende des Schlitzes bis zum Beginn des Halsausschnitts aufnehmen und re str.
Nächste Reihe (Rück-R): Li M str.
Knopflochreihe (Hin-R): 4 M re, *1 U, 2 M re zus-str., 7/8/9 M re; ab * wdh. bis zu den letzten 6 M; enden mit 1 U, 2 M re zus-str., 4 M re; anschließend 19/21/23 M aus der rechten Seite des Halsausschnitts bis zum Abkettrand der Schulter aufnehmen und re str. (= 83/91/99 M). 3 R glatt re str. (1. und 3. R = Rück-R li).
Lochreihe (Hin-R): 1 M re, [1 U, 2 M re zus-str.] wdh. bis RE. Weitere 2 R glatt re str. (1. R = Rück-R li).
Knopflochreihe (Rück-R): 4 M re, *1 U, 2 M re zus-str., 7/8/9 M re; ab * bis zu den letzten 6 M wdh.; enden mit 1 U, 2 M re zus-str., 4 M re.; 1 R li M str., dann alle M abk.
Die Mäusezähnchenblende entlang der Loch-R falten und mit unsichtbaren Stichen so annähen, dass die Knopflöcher beider Hälften genau übereinstimmen.

HINTERE HALSBLENDE
Von der rechten Seite der Arbeit her mit Nd Nr. 2,5 – 3 und Fb A 99/103/107 M aus der gesamten Oberkante des Rückenteils aufnehmen und re str. 3 R glatt re str. (1. und 3. R = Rück-R li).
Lochreihe (Hin-R): 1 M re, [1 U, 2 M re zus-str.] wdh. bis RE. Weitere 3 R glatt re str. (1. R und 3. R = Rück-R li). Alle M abk. Die Mäusezähnchenblende entlang der Loch-R falten und mit unsichtbaren Stichen annähen.

FERTIGSTELLUNG
Die beiden Seiten des Vorderteils so unter die Mäusezähnchenblende des Rückenteils nähen, dass die Abkettränder mit den Markierungen des Rückenteils übereinstimmen. An den Seiten sauber annähen. Ärmel einnähen, Ärmel- und Seitennähte schließen. Die Nähte an den Innenseiten der Hosenbeine und im Schritt schließen. Die rechte Mäusezähnchenblende über die linke Perlmutterblende legen und die untere Schmalseite annähen. Knöpfe annähen.

JACKE UND SCHUHE MIT MÄUSEZÄHNCHENKANTE

AUS EDLER KASCHMIRWOLLE GESTRICKT UND MIT EINER DEKORATIVEN MÄUSEZÄHNCHENKANTE VERZIERT, STEHT DIESE KOMBINATION MÄDCHEN UND BUBEN GLEICHERMASSEN.

JÄCKCHEN

RÜCKENTEIL
81/89/97 M mit Nd Nr. 2,5 – 3 anschl.
** 4 R glatt re str. (1. R = Hin-R re).
5. Reihe (Hin-R = Loch-R): 2 M re, [1 U, 2 M re zus-str.] wdh. bis zur letzten M; enden mit 1 M re. Weitere 4 R glatt re str. (1. R = Rück-R li). **
Mit Nd Nr. 3 – 3,5 glatt re weiterstr. (1. R = Rück-R li), bis eine Höhe von 15/17/19 cm ab der Loch-R erreicht ist; enden mit einer Rück-R.

Armausschnitte
Am Beginn der beiden nächsten R jeweils 6 M abk. (= 69/77/85 M).

Glatt re gerade weiterstr, bis eine Höhe von 25/28/31 cm ab der Loch-R erreicht ist; enden mit einer Rück-R.

Schultern
Am Beginn der nächsten 4 R jeweils 11/12/13 M abk.
Die verbleibenden 25/29/33 M für die Halsblende stilllegen.

LINKES VORDERTEIL
41/45/49 M mit Nd Nr. 2,5 – 3 anschl.
Von ** bis ** wie beim Rückenteil arbeiten.
Glatt re weiterstr. (1. R = Rück-R li) bis zum Beginn der Armausschnitte beim Rückenteil; enden mit einer Rück-R.

MATERIAL

200/250/300 g *Jaeger Cashmere 4-fädig* (LL 98 m/25 g) in Wollweiß; Stricknadeln Nr. 2,5 – 3 und 3 – 3,5; 6 Knöpfe

STRICKMUSTER
Glatt rechts: Hin-R re M, Rück-R li M
Kraus rechts: Hin- und Rück-R re str.

MASCHENPROBE
28 M/36 R mit Nd Nr. 3 – 3,5 glatt re gestr. = 10 x 10 cm

MASSE
Jäckchen

Alter	6	12	18 Monate
Fertig gestr. Oberweite	58	64	69 cm
Länge des Jäckchens	25	28	31 cm
Unterarmlänge	14	17	20 cm

Schuhe
Einheitsgröße, passend für 3 bis 12 Monate

Hinweis: Die Angaben für die einzelnen Größen sind durch Schrägstriche voneinander getrennt; die erste Angabe bezieht sich auf die kleinste Größe. Steht nur eine Angabe, so gilt sie für alle Größen. Nähere Angaben zum verwendeten Garn finden Sie auf Seite 21. Abkürzungen siehe Seite 20.

Armausschnitt
Am Beginn der nächsten R 6 M abk. (= 35/39/43 M).
Glatt re gerade weiterstr., bis eine Höhe von 20/23/26 cm ab der Loch-R erreicht ist; enden mit einer Hin-R.

Halsausschnitt
Am Beginn der nächsten R 6/7/8 M abk. (= 29/32/35 M). Auf der Seite des Halsausschnitts in jeder R 1 M abn., bis 22/24/26 M übrig sind. Gerade weiterstr. bis zum Beginn der Schulterschrägen beim Rückenteil; die letzte R endet auf der Seite des Armausschnitts.

Schulter
Am Beginn der nächsten R 11/12/13 M abk.
1 R ohne Abn. str. Die verbleibenden 11/12/13 M abk.

RECHTES VORDERTEIL
Gegengleich zum linken Vorderteil arbeiten.

ÄRMEL (2x arbeiten)
31/35/39 M mit Nd Nr. 2,5 – 3 anschl.
Von ** bis ** wie beim Rückenteil arbeiten.
Mit Nd Nr. 3 – 3,5 glatt re weiterstr (1. R = Rück-R li); dabei am Beginn und am Ende der 2. und jeder 3./4./5. folgenden R 1 M zun., bis 59/63/67 M erreicht sind. Gerade weiterstr., bis der Ärmel eine Länge von 16/19/22 cm ab der Loch-R erreicht hat; enden mit einer Rück-R. Alle M abk.

HALSBLENDE
Schulternähte schließen. Von der rechten Seite der Arbeit her mit Nd Nr. 2,5 – 3 M aufnehmen und re str. wie folgt: 22/23/24 M entlang der rechten Seite des Halsausschnitts, die stillgelegten 25/29/33 M des Rückenteils, 22/23/24 M entlang der linken Seite des Halsausschnitts (= 69/75/81 M). *** 3 R glatt re str. (1. R = Rück-R li).

Nächste Reihe (Hin-R = Loch-R): 1 M re, [1 U, 2 M re zus-str.] wdh. bis RE. Weitere 3 R glatt re str. (1. R = Rück-R li).
Alle M locker abk. ***

VORDERE BLENDEN (beide gleich arbeiten)
Von der rechten Seite der Arbeit mit Nd Nr. 2,5 – 3 gleichmäßig entlang einer Vorderkante zwischen der Loch-R der Halsblende und der Loch-R der Unterkante 69/79/89 M aufnehmen und re str. Blende arbeiten, wie bei der Halsblende von *** bis *** beschrieben.

FERTIGSTELLUNG
An den Seitenkanten der Ärmel jeweils einen Punkt 2 cm unterhalb des Abkettrandes markieren. Die Ärmel in Vorderteile und Rückenteil einnähen, sodass die Mitte des Ärmel-Abkettrandes mit den Schultern und die Markierungspunkte mit der Seitennaht übereinstimmen. Seiten- und Ärmelnähte schließen.
Alle Blenden entlang der Loch-R nach innen falten und mit unsichtbaren Stichen annähen, sodass eine Mäusezähnchenkante entsteht. 6 Knöpfe auf das linke Vorderteil nähen; dabei die Knöpfe auf der Linie zwischen Hauptteil und Mäusezähnchenbordüre platzieren: den obersten auf der Linie zwischen Hauptteil und Halsblende, den untersten 2 cm über der unteren Lochreihe, die übrigen Knöpfe gleichmäßig dazwischen verteilt. An der Vorderkante des rechten Vorderteils Knopflochschlaufen passend zu den Knöpfen arbeiten.

SCHUHE
(2x arbeiten)
39 M mit Nd Nr. 2,5 – 3 anschl. 4 R glatt re str. (1. R = Hin-R re).
5. Reihe (Hin-R = Loch-R): 2 M re, [1 U, 2 M re zus-str.] wdh. bis zur letzten M; enden mit 1 M re. Weitere 5 R glatt re str. (1. R = Rück-R li). Mit Nd Nr. 3 – 3,5 weiterstr. wie folgt: 20 R glatt re str.

Knöchel
31. Reihe (Hin-R): 7 M re, 2 M re zus-str., [8 M re, 2 M re zus-str.] wdh. bis RE (= 35 M).
32. Reihe: 1 M re, [1 M li, 1 M re] wdh. bis RE.
33. Reihe: 1 M li, [1 M re, 1 M li] wdh. bis RE.
34. Reihe: 1 M re, [1 U, 1 M re zus-str.] wdh. bis RE.
35. Reihe: Wie 33. R str. **36. Reihe:** Wie 32. R str.

Oberteil
Nächste Reihe (Hin-R): 23 M re; wenden.
Nächste Reihe: 11 M re; wenden. 24 R re M über diese 11 M str. Faden abbrechen. Von der rechten Seite der Arbeit her neuen Faden am Ende der ersten Gruppe von 12 M anschlingen; 15 M entlang der ersten Seite des Oberteils aufnehmen und re str., 11 Oberteil-M re str., 15 M entlang der zweiten Seite des Oberteils aufnehmen und re str., die restlichen 12 Oberteil-M re str. (= 65 M). 9 R kraus re str.

Sohle
1. Reihe (Hin-R): 2 M re zus-str., 29 M re, 3 M re zus-str, 29 M re, 2 M re zus-str. **2. Reihe:** Re M str. **3. Reihe:** 2 M re zus-str., 27 M re, 3 M re zus-str., 27 M re, 2 M re zus-str. **4. Reihe:** Re M str. **5. Reihe:** 2 M re zus-str., 25 M re, 3 M re zus-str., 25 M re, 2 M re zus-str.
6. Reihe: Re M str. Die verbleibenden 53 M abk.

FERTIGSTELLUNG
Die rückwärtige und die Sohlennaht schließen. Den Anschlagrand entlang der Loch-R nach innen falten und mit unsichtbaren Stichen annähen. 2 Kordeln von etwa 38 cm Länge drehen und durch die Loch-R an den Knöcheln ziehen. 4 kleine Pompons anfertigen und an den Enden der Kordeln befestigen.

JÄCKCHEN MIT NORWEGERMUSTER

TRADITION UND STIL VERBINDET DIESES RAGLAN-JÄCKCHEN MIT DER REIZVOLLEN JACQUARDBORDÜRE AUFS SCHÖNSTE.

RÜCKENTEIL
109 M mit Fb A und Nd Nr. 2,5 – 3 anschl.
1. Reihe (Hin-R): 1 M re, [1 M li, 1 M re] wdh. bis RE. Diese R teilt das Perlmuster ein, weitere 5 R im Perlmuster str. Weiterstr. mit Nd Nr. 3 – 3,5, mit einer Hin-R beginnen und 2 R glatt re str. Danach die 15 R Norwegermuster nach dem Zählmuster auf Seite 67 str. Der Musterrapport besteht aus 12 M, die fortlaufend wiederholt werden. Nach den 15 R alle Schmuckfarben abbrechen und nur noch mit Fb A weiterstr. Mit einer Rück-R beginnen und glatt re weiterstr., bis eine Gesamthöhe von 20 cm erreicht ist; enden mit einer Rück-R.
Nächste Reihe (Hin-R): 1 M re, [2 M re zus-str., 3 M re] 21x; enden mit 2 M re zus-str., 1 M re (= 87 M). Weiterstr. mit Nd Nr. 2,5 – 3 und 5 R im Perlmuster str. Danach mit Nd Nr. 3 – 3,5 glatt re weiterstr.

MATERIAL

Rowan True 4 ply Botany in folgenden Mengen und Farben: 150 g in Hellblau (Fb A), je 50 g in Dunkelblau (Fb B), Weiß (Fb C), Lila (Fb D), Altrosa (Fb E) und Rosa (Fb F). Stricknadeln Nr. 2,5 – 3 und 3 – 3,5; 3 Knöpfe

STRICKMUSTER
Perlmuster: in Hin-R 1 M re, 1 M li im Wechsel str.; in Rück-R 1 M li, 1 M re im Wechsel str.
Glatt rechts: Hin-R re M, Rück-R li M
Norwegertechnik: Die Bordüren werden in Norweger- oder Jacquardtechnik gestrickt. Dabei laufen die Fäden in den gerade nicht benötigten Farben locker auf der Rückseite der Arbeit mit. Nicht fest anziehen, damit das Gestrick elastisch bleibt. Im Zählmuster werden alle ungeraden R von rechts nach links gelesen, sind also immer Hin-R; alle ungeraden R werden von links nach rechts gelesen und sind immer Rück-R.

MASCHENPROBE
28 M/36 R mit Nd Nr. 3 – 3,5 glatt re gestr. = 10 x 10 cm

MASSE

Alter	3 – 9 Monate
Fertig gestr. Oberweite	51 cm
Länge	34 cm
Unterarmlänge	14 cm

Hinweis: Abkürzungen siehe Seite 20, nähere Angaben zum verwendeten Garn siehe Seite 21.

Nächste Reihe (Hin-R): 2 M re zus-str., [4 M re, 2 M re zus-str.] 14x; enden mit 1 M re (= 72 M).
Nächste Reihe: Alle M li str.

Raglanschrägen
Am Beginn der beiden nächsten R je 5 M abk. (= 62 M).
Nächste Reihe (Hin-R): 1 M re, 2 M re verschr. zus-str., re str. bis zu den letzten 3 M; enden mit 2 M re zus-str., 1 M re.
Nächste Reihe: Alle M li str.
Die beiden letzten R wdh., bis 24 M übrig sind, enden mit einer Rück-R. Alle M abk.

LINKES VORDERTEIL
63 M mit Fb A und Nd Nr. 2,5 – 3 anschl. und 6 R im Perlmuster str. (siehe Rückenteil). Weiterstr. mit Nd Nr. 3 – 3,5.
7. Reihe (Hin-R): Re str. bis zu den letzten 7 M; enden mit 7 M im Perlmuster.
8. Reihe: 7 M im Perlmuster, li str. bis RE.
Die beiden letzten R teilen die M ein: 7 Blenden-M im Perlmuster, die restl. M im Grundmuster. In dieser Einteilung weiterstr. wie folgt:
9. Reihe: 56 M im Norwegermuster, mit Fb A 7 M im Perlmuster.
10. Reihe: 7 M im Perlmuster mit Fb A, 56 M im Norwegermuster.
Auf diese Weise alle 15 R des Zählmusters str., danach nur noch mit Fb A weiterstr. Mit einer Rück-R beginnen und im Grundmuster str., bis eine Gesamthöhe von 20 cm erreicht ist, enden mit einer Rück-R.
Nächste Reihe (Hin-R): [2 M re zus-str., 3 M re] 11x; enden mit 2 M re zus-str., 6 M im Perlmuster (= 51 M).
Weiterstr. mit Nd Nr. 2,5 – 3 und 5 R im Perlmuster str. Danach mit Nd Nr. 3 – 3,5 wieder glatt re str.
Nächste Reihe (Hin-R): 6 M re, 2 M re zus-str., [2 M re, 2 M re zus-str.] 9x; enden mit 7 M im Perlmuster (= 41 M).
Nächste Reihe: 7 M im Perlmuster, li str. bis RE.

Raglanschräge
Am Beginn der nächsten R 5 M abk. (= 36 M).
Nächste Reihe (Rück-R): 7 M im Perlmuster, li str. bis zum Ende.
Nächste Reihe: 1 M re, 2 M re verschränkt zus-str., re str. bis zu den letzten 7 M; enden mit 7 M im Perlmuster.
Die beiden letzten R wdh., bis 22 M übrig sind, enden mit einer Hin-R.

Halsausschnitt
Für den Halsausschnitt am Beginn der nächsten R 9 M abk. (= 13 M). In der nächsten R und in jeder folgenden 2. R beidseitig je 1 M abn., bis 3 M übrig sind, dabei die Abn. für die Raglanschräge auf die gleiche Weise str., wie beim Rückenteil angegeben. Anschließend in der folgenden 2. R an der Raglanschräge noch 1 M abn. (= 2 M). Noch 1 R str., enden mit einer Rück-R. Beide M re zus-str., Faden abbrechen.
Auf der Blende die Position der 3 Knöpfe markieren: Der oberste

sitzt 1 cm unterhalb des Halsausschnittes, der unterste auf der letzten R des Perlmusters, der 3. Knopf genau zwischen den beiden.

RECHTES VORDERTEIL

Gegengleich zum linken Vorderteil str., jedoch in Höhe der Markierungen für die Knöpfe je 1 Knopfloch str.:

Knopfloch-Reihe (Hin-R): 2 M im Perlmuster, 2 M re zus-str., 1 U, 3 M im Perlmuster, re M str. bis RE.

ÄRMEL (2x arbeiten)

39 M mit Fb A und Nd Nr. 2,5 – 3 anschl. und 6 R im Perlmuster str. Weiterstr. mit Nd. Nr. 3 – 3,5, mit einer Hin-R beginnen und 2 R glatt re str. Danach die 15 R des Zählmusters str. und für die Armschrägen gleichzeitig in der 3. R und in jeder folgenden 6. R beidseitig je 1 M zun. (= 45 M). Nur noch mit Fb A weiterstr. Mit einer Rück-R beginnen und glatt re str., dabei in jeder folgenden 6. R ab der letzten Zun. beidseitig je 1 M zun., bis 51 M erreicht sind. Gerade weiterstr., bis eine Gesamthöhe von 14 cm erreicht ist; enden mit einer Rück-R.

Raglanschrägen

Am Beginn der nächsten beiden R je 5 M abk. (= 41 M).
Die folgenden Abn. auf die gleiche Weise str., wie beim Rückenteil für die Raglanschrägen angegeben. In der nächsten R und in jeder folgenden 4. R beidseitig je 1 M abn., bis 31 M übrig sind, danach in jeder folgenden 2. R beidseitig je 1 M abn., bis 9 M übrig sind. Noch 1 R str., enden mit einer Rück-R. Alle M abk.

KRAGEN

85 M mit Fb A und Nd Nr. 2,5 – 3 anschl. und 6 R im Perlmuster str. Weiterstr. mit Nd Nr. 3 – 3,5.

7. Reihe (Hin-R): 4 M im Perlmuster, re str. bis zu den letzten 4 M; enden mit 4 M im Perlmuster.

8. Reihe: 4 M im Perlmuster, li str. bis zu den letzten 4 M; enden mit 4 M im Perlmuster. Die beiden letzten R teilen die M ein: Die 4 äußeren M jeweils fortlaufend im Perlmuster str., die restl. M glatt re.

9. Reihe (Hin-R): Mit Fb A 4 M im Perlmuster, 77 M im Norwegermuster, mit Fb A 4 M im Perlmuster.

10. Reihe: 4 M im Perlmuster mit Fb A, 77 M im Norwegermuster, 4 M im Perlmuster mit Fb A. Ist die 15. R des Zählmusters beendet, alle Schmuckfarben abbrechen und nur noch mit Fb A weiterstr. Weitere 6 R in der Mascheneinteilung str. Alle M abk.

FERTIGSTELLUNG

Alle Teile auf eine weiche Unterlage stecken, mit einem feuchten Tuch bedecken und trocknen lassen. Die vorderen und hinteren Raglanschrägen schließen. Seiten- und Ärmelnähte schließen. Den Kragen mit der Abkettkante an den Halsausschnittkanten befestigen, jeweils 3 M von den vorderen Kanten entfernt. Knöpfe annähen.

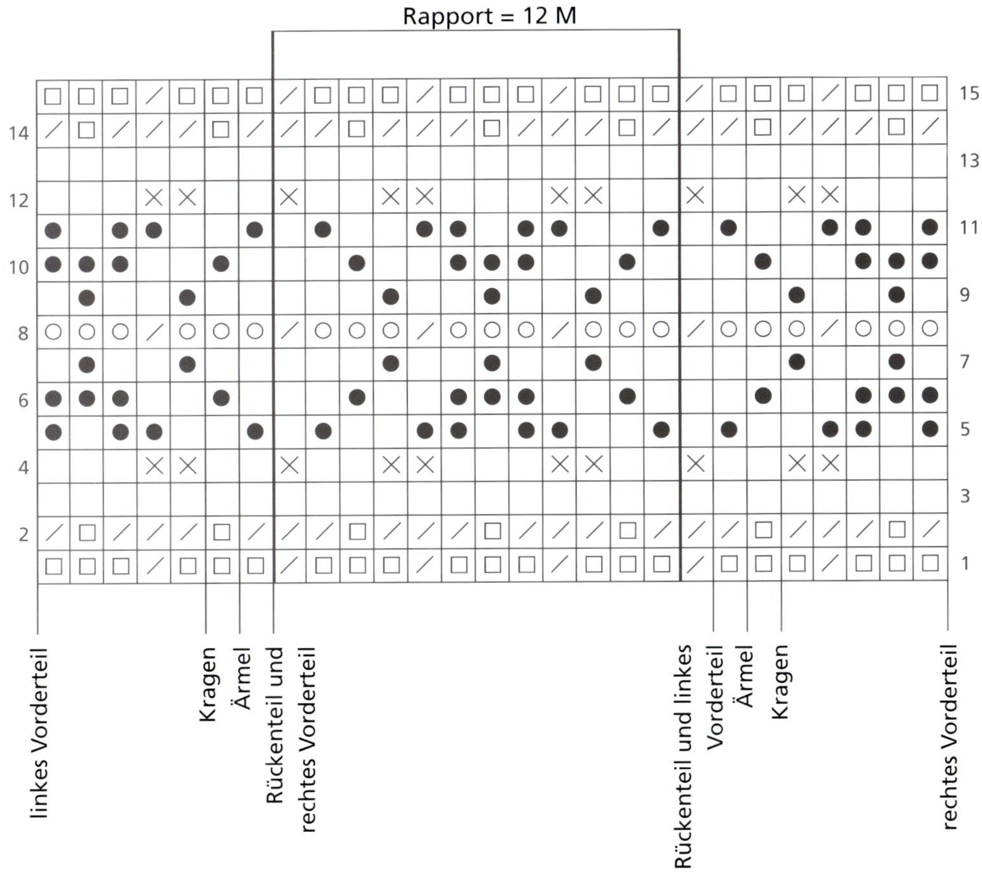

FARBSCHLÜSSEL

- □ = A (Hellblau)
- ⁄ = B (Dunkelblau)
- ☐ = C (Weiß)
- ☒ = D (Lila)
- ● = E (Dunkelrosa)
- ○ = F (Rosa)

TWINSET MIT JACQUARD-BORDÜREN

HIER KOMMT DIE TRADITIONELLE NORWEGERTECHNIK ZU NEUEN EHREN. DAS TWINSET WIRD IN GRAU UND ZARTEN PASTELLTÖNEN GESTRICKT.

MATERIAL

Für das Jäckchen
Jaeger Matchmaker Merino 4-fädig (LL 183 m/50 g) oder *Rowan True 4 ply Botany* (LL 170 m/50 g) in folgenden Mengen und Farben: 150 g in Grau (Fb A); je 50 g in Dunkelrosa (Fb B), Hellrosa (Fb C), Hellblau (Fb D), Cremeweiß (Fb E) und Erika (Fb F); 7 Knöpfe

Für den Pullover
Jaeger Matchmaker Merino 4-fädig (LL 183 m/50 g) oder *Rowan True 4 ply Botany* (LL 170 m/50 g) in folgenden Mengen und Farben: 100 g in Grau (Fb A); Reste in Dunkelrosa (Fb B), Hellrosa (Fb C), Hellblau (Fb D), Cremeweiß (Fb E) und Erika (Fb F); 3 Knöpfe
Stricknadeln Nr. 2,5 – 3 und 3 – 3,5

STRICKMUSTER
Rippenmuster: 1 M re, 1 M li im Wechsel str.; in Rück-R die M str., wie sie erscheinen. **Glatt rechts:** Hin-R re M, Rück-R li M. **Norwegertechnik:** Die Bordüren werden in Norweger- oder Jacquardtechnik gestrickt. Dabei laufen die Fäden in den gerade nicht benötigten Farben locker auf der Rückseite der Arbeit mit. Nicht fest anziehen, damit das Gestrick elastisch bleibt. Im Zählmuster werden alle ungeraden R von rechts nach links gelesen, sind also immer Hin-R; alle ungeraden R werden von links nach rechts gelesen und sind immer Rück-R.

MASCHENPROBE
Jäckchen: 32 M/32 R mit Nd Nr. 3 – 3,5 im Norwegermuster gestr. = 10 x 10 cm
Pullover: 28 M/36 R mit Nd Nr. 3,5 glatt re gestr. = 10 x 10 cm

MASSE

Alter	12 – 18 Monate
Jäckchen	
Fertig gestr. Oberweite	62 cm
Jäckchenlänge	30 cm
Unterarmlänge	23 cm
Pullover	
Fertig gestr. Oberweite	56 cm
Pulloverlänge	28 cm
Unterarmlänge	7 cm

Hinweis: Nähere Angaben zum verwendeten Garn finden Sie auf Seite 21. Abkürzungen siehe Seite 20.

JÄCKCHEN

RÜCKENTEIL
89 M mit Nd Nr. 2,5 – 3 und Fb B anschl.
Den Faden abbrechen und einen neuen Faden in Fb A anschlingen.
1. Reihe (Hin-R): 1 M re, [1 M li, 1 M re] wdh. bis RE.
2. Reihe: 1 M li, [1 M re, 1 M li] wdh. bis RE.
Die 1. und 2. R legen das Rippenmuster fest. Weitere 7 R im Rippenmuster arbeiten.
10. Reihe (Rück-R): 3 M Rippenmuster, aus der nächsten M 2 M herausstr., [8 M Rippenmuster, aus der nächsten M 2 M herausstr.] 9x; enden mit 4 M Rippenmuster (= 99 M). Mit Nd Nr. 3 – 3,5 glatt re im Norwegermuster nach dem Zählmuster auf Seite 70 str. (1. R = Hin-R). Die R beginnen und beenden, wie angegeben, und den Mustersatz von 42 R nach Bedarf wdh. Im Norwegermuster fortfahren, bis eine Gesamthöhe von 17 cm erreicht ist; enden mit einer Rück-R.

Armausschnitte
Am Beginn der nächsten 10 R jeweils 2 M abk. (= 79 M). Gerade weiterstr. bis zur Gesamthöhe von 30 cm; enden mit einer Rück-R.

Schultern
Am Beginn der nächsten 4 R jeweils 11 M abk.
Die verbleibenden 35 M für den hinteren Halsausschnitt stilllegen.

LINKES VORDERTEIL
45 M mit Nd Nr. 2,5 – 3 und Fb B anschl.
Den Faden abbrechen und einen neuen Faden in Fb A anschlingen.
9 R im Rippenmuster str. (siehe Rückenteil).
10. Reihe (Rück-R): 4 M Rippenmuster, aus der nächsten M 2 M herausstr., [8 M Rippenmuster, aus der nächsten M 2 M herausstr.] 4x; enden mit 4 M Rippenmuster (= 50 M).
Mit Nd Nr. 3 – 3,5 glatt re im Norwegermuster nach dem Zählmuster auf Seite 70 str. (1. R = Hin-R), bis das Vorderteil den Beginn der Armausschnitte beim Rückenteil erreicht; enden mit einer Rück-R.

Armausschnitt
Mustergemäß am Beginn der nächsten und 4x in jeder 2. folgenden R jeweils 2 M abk. (= 40 M). Gerade weiterstr., bis eine Gesamthöhe von 26 cm erreicht ist; enden mit einer Hin-R.

Halsausschnitt
Nächste Reihe (Rück-R): 8 M im Muster str. und stilllegen; R mustergemäß beenden (= 32 M). 1 R im Muster str. Am Beginn der nächsten R 4 M und am Beginn der 2. folgenden R 2 M abk.
Auf der Seite des Halsausschnitts in jeder folgenden R 1 M abn., bis 22 M übrig bleiben.

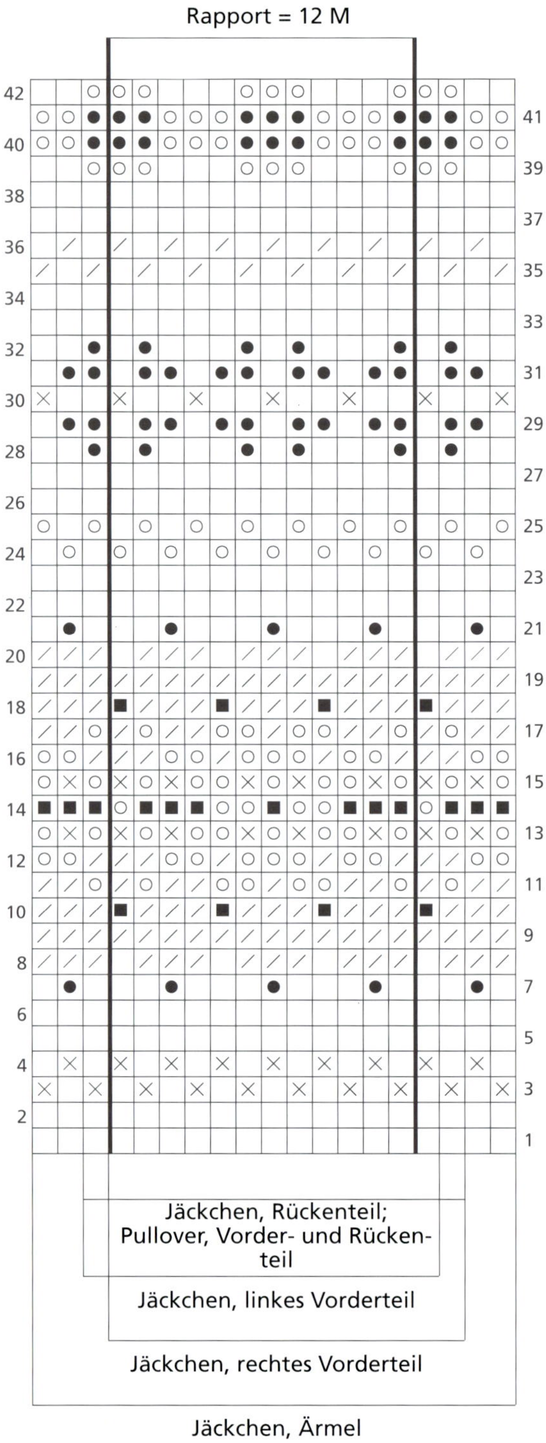

FARBSCHLÜSSEL

- = A (Grau)
- = B (Dunkelrosa)
- = C (Hellrosa)
- = D (Hellblau)
- = E (Cremeweiß)
- = F (Erika)

Gerade weiterstr., bis das Vorderteil den Beginn der Schulterschräge beim Rückenteil erreicht hat; enden mit einer Rück-R. Für die **Schulterschräge** am Beginn der nächsten R 11 M abk. und 1 R im Muster ohne Abn. str. Die verbleibenden 11 M abk.

RECHTES VORDERTEIL
Gegengleich zum linken Vorderteil str.

ÄRMEL (2x arbeiten)
49 M mit Nd Nr. 2,5 – 3 und Fb B anschl.
Den Faden abbrechen und einen neuen Faden in Fb A anschlingen.
11 R im Rippenmuster str. (siehe Rückenteil).
12. Reihe (Rück-R): 4 M Rippenmuster, aus der nächsten M 2 M herausstr., [7 M Rippenmuster, aus der nächsten M 2 M herausstr.] 5x; enden mit 4 M Rippenmuster (= 55 M).
Mit Nd Nr. 3 – 3,5 glatt re im Norwegermuster nach dem Zählmuster str. (1. R = Hin-R); dabei am Beginn und am Ende der 3. und jeder 4. folgenden R jeweils 1 M zun., bis 85 M erreicht sind. Die zugenommenen M ins Muster integrieren. Gerade weiterstr., bis der Ärmel eine Gesamtlänge von 23 cm hat; enden mit einer Rück-R.

Armkugel
Am Beginn der nächsten 10 R jeweils 2 M abk. Restliche 65 M abk.

Halsblende
Schulternähte schließen. Von der rechten Seite der Arbeit her mit Nd Nr. 2,5 – 3 M aufnehmen und mit Fb A re str. wie folgt: die stillgelegten 8 M des rechten Vorderteils, 14 M aus der rechten Seite des Halsausschnitts, die stillgelegten 35 M des Rückenteils, 14 M aus der linken Seite des Halsausschnitts und die stillgelegten 8 M des linken Vorderteils (= 79 M). 7 R im Rippenmuster str. (mit der 2. R des Musters beginnen; siehe Rückenteil). Faden in Fb A abbrechen und in Fb B neu anschlingen. Alle M im Rippenmuster abk.

KNOPFLOCHBLENDE
Von der rechten Seite der Arbeit her mit Nd Nr. 2,5 – 3 und Fb A aus der rechten Vorderkante zwischen dem Anschlagrand und der Oberkante der Halsblende 81 M aufnehmen und re str.
2 R im Rippenmuster str. (mit der 2. R beginnen; siehe Rückenteil).
3. Reihe (Hin-R = Knopfloch-R): 3 M re, [2 M abk., im Rippenmuster str., bis nach den abgeketteten M 10 M auf der rechten Nadel liegen] 6x; 2 M abk.; Rippenmuster bis RE.
4. Reihe: Im Rippenmuster str., dabei für die abgeketteten M jeweils 2 neue M anschl. Weitere 3 R im Rippenmuster str. Faden in Fb A abbrechen und in Fb B neu anschlingen. Alle M im Rippenmuster abk.

KNOPFLEISTE
Wie die Knopflochblende str., jedoch ohne die Knopflöcher.

FERTIGSTELLUNG
Ärmel einsetzen, Ärmel- und Seitennähte schließen. Knöpfe annähen.

PULLOVER

RÜCKENTEIL
79 M mit Nd Nr. 2,5 – 3 und Fb B anschl.
Den Faden abbrechen und einen neuen Faden in Fb A anschlingen.
10 R im Rippenmuster str. (siehe Rückenteil des Jäckchens).
Mit Nd Nr. 3 – 3,5 glatt re weiterstr. (1. R = Hin-R), bis eine Gesamthöhe von 16 cm erreicht ist; enden mit einer Rück-R.

Armausschnitte
Am Beginn der nächsten 8 R jeweils 2 M abk. (= 63 M). 2 R ohne Abn. str. Die 7. – 15. R der Jacquardbordüre glatt re nach Zählmuster (Seite 70) str. (1. R = Hin-R; insgesamt 15 Muster-R).
Mit Fb A glatt re weiterstr. wie folgt: 3 R glatt re str. **

Schlitz
39. Reihe (Hin-R): 29 M re.
Die Arbeit wenden und beide Seiten getrennt beenden.
Gerade weiterstr., bis das Rückenteil eine Gesamthöhe von 28 M hat. Die letzte R endet auf der Seite des Armausschnitts.

Schulter
Am Beginn der nächsten und der 2. folgenden R jeweils 8 M abk.
Die verbleibenden 13 M stilllegen.

Von der rechten Seite der Arbeit her die 5 M in der Mitte auf einem Maschenraffer stilllegen. Faden an den verbleibenden M neu anschlingen und bis RE re str. Diese Seite gegengleich zur zuerst gestr. beenden.

VORDERTEIL
Bis ** wie das Rückenteil str.
Halsausschnitt
39. Reihe (Hin-R): 23 M re. Die Arbeit wenden und diese Seite zuerst beenden. Auf der Seite des Halsausschnitts in jeder folgenden R jeweils 1 M abn., bis 16 M übrig sind. Gerade weiterstr., bis diese Seite des Vorderteils den Beginn der Schulterschräge beim Rückenteil erreicht hat. Die letzte R endet auf der Seite des Armauschnitts.

Schulter
Am Beginn der nächsten R 8 M abk. 1 R ohne Abn. str. Die verbleibenden 8 M abk. Von der rechten Seite der Arbeit her die 17 M in der Mitte auf einem Maschenraffer stilllegen. Faden an den verbleibenden M neu anschlingen und bis RE re str.
Diese Seite gegengleich zur zuerst gestr. beenden.

ÄRMEL (2x arbeiten)
59 M mit Nd Nr. 2,5 – 3 und Fb B anschl. Faden abbrechen und neuen Faden in Fb A anschlingen. 4 R im Rippenmuster str. (siehe Rückenteil des Jäckchens). Mit Nd Nr. 3 – 3,5 glatt re weiterstr. (1. R = Hin-R) und dabei am Beginn und am Ende der 3. und jeder 3. folgenden R 1 M zun., bis 71 M erreicht sind. Gerade weiterstr., bis der Ärmel eine Gesamtlänge von 7 cm erreicht hat; enden mit einer Rück-R.

Armkugel
Am Beginn der nächsten 8 R jeweils 2 M abk. Restliche 55 M abk.

KNOPFLEISTE
7 M mit Nd Nr. 2,5 – 3 und Fb A anschl.
1. Reihe (Hin-R): 1 M li, [1 M re, 1 M li] 2x; enden mit 2 M re.
2. Reihe: 1 M re, [1 M li, 1 M re] 3x. Diese beiden R weitere 8x wdh.
Faden abbrechen und die 7 M stilllegen.

KNOPFLOCHBLENDE
Von rechts mit Nd Nr. 2,5 – 3 einen Faden der Fb A am unteren Ende des Rückenschlitzes anschlingen und wie folgt str.:
1. Reihe (Hin-R): 1 M re, aus der nächsten M 2 M herausstr., 2 M re, aus der nächsten M 2 M herausstr. (= 7 M).
2. Reihe: 1 M re, [1 M li, 1 M re] 3x.
3. Reihe: 2 M re, [1 M li, 1 M re] 2x; enden mit 1 M li. Die 2. und 3. R legen das Rippenmuster fest. 1 weitere R im Rippenmuster str.
5. Reihe (Hin-R = Knopfloch-R): 3 M Rippenmuster, 1 U, 2 M li zus-str, 2 M Rippenmuster. 7 R im Rippenmuster str. Knopfloch-R wdh. Faden nicht abbrechen und die M auf der Nadel lassen.

Halsblende
Schulternähte schließen. Knopflochblende an der linken Seite des Schlitzes und die Knopfleiste an der rechten Seite annähen.
Anschlagrand der Knopfleiste auf der Innenseite am unteren Schlitz-Ende annähen.
Von rechts mit Nd Nr. 2,5 – 3 im Rippenmuster über die ersten 6 M der Knopflochblende str.; die letzte M der Knopflochblende mit der ersten stillgelegten M des Rückenteils zus-str., die verbleibenden 12 M re str.; entlang der linken Seite des Halsausschnittes 14 M aufnehmen und re str., die 17 M des vorderen Halsausschnittes re str.; entlang der rechten Seite des Halsausschnitts aufnehmen und rechts str; die letzte M des hinteren Halsausschnitts mit der ersten der Knopfleiste zus-str.; enden mit 6 M im Rippenmuster (81 M). 5 R im Rippen-muster str.; dabei das 3. Knopfloch arbeiten, wie oben beschrieben. Faden in Fb A abbrechen und in Fb B neu anschlingen. Alle M im Rippenmuster abk.

FERTIGSTELLUNG
Ärmel einsetzen. Ärmel- und Seitennähte schließen. Knöpfe annähen.

KAPUZENJACKE IM PERLMUSTER

LEICHT ZU STRICKEN IST DIESES ZAUBERHAFTE, WARME KAPUZENJÄCKCHEN AUS DICKEM, GENOPPTEM TWEED-GARN.

MATERIAL

300/400/400 g *Rowan Magpie Tweed* (LL 170 m/50 g) in Erika; Stricknadeln Nr. 4,5 und 5; 5 Knöpfe

STRICKMUSTER

Perlmuster: 1 M re, 1 M li im Wechsel str.; in der Rück-R die M str. wie in der Hin-R (= re M auch in der Rück-R re str., li M wieder li str.)

MASCHENPROBE

18 M/32 R mit Nd Nr. 5 im Perlmuster gestr. = 10 x 10 cm

MASSE

Alter (Monate)	6 – 12	12 – 18	18 – 24
Fertig gestr. Oberweite	68	70	74 cm
Länge	30	35	39 cm
Unterarmlänge	19	21	23 cm

Hinweis: Die Angaben für die einzelnen Größen sind durch Schrägstriche voneinander getrennt; die erste Angabe bezieht sich auf die kleinste Größe. Steht nur eine Angabe, so gilt sie für alle Größen.

RÜCKENTEIL

61/63/67 M mit Nd Nr. 5 anschl.

1. Reihe: 1 M re, [1 M li, 1 M re] wdh. bis RE.

Diese R teilt das Perlmuster ein und wird fortlaufend wiederholt. Bei einer Gesamthöhe von 30/35/39 cm enden mit einer Rück-R.

Schultern

Am Beginn der beiden nächsten R je 10/10/11 M abk. und am Beginn der folgenden beiden R je 10/11/11 M abk. Die restlichen 21/21/23 M auf einem Maschenraffer stilllegen.

RECHTES VORDERTEIL

29/31/33 M mit Nd Nr. 5 anschl. und 5/5/6 cm im Perlmuster str., wie beim Rückenteil angegeben, enden mit einer Rück-R.

**** Knopfloch-Reihe (Hin-R):** 2 M im Perlmuster, 2 M abk., im Perlmuster str. bis RE.

Nächste Reihe: Im Perlmuster bis RE str., dabei über den beiden abgeketteten M der unteren R 2 M neu anschl.

Gerade weiterstr., bis eine Gesamthöhe von 5,5/6,5/7 cm erreicht ist, enden mit einer Rück-R. **

Von ** bis ** noch 2x wdh. Gerade weiterstr., bis eine Gesamthöhe von 26/30/33 cm erreicht ist, enden mit einer Rück-R.

Halsausschnitt

Am Beginn der nächsten R 4 M abk. (= 25/27/29 M).

Am Halsrand in den nächsten 5/6/7 R je 1 M abk. (= 20/21/22 M).

Gerade weiterstr., bis eine Gesamthöhe von 30/35/39 cm erreicht ist; enden mit einer Hin-R.

Schulter

Die Schulterschräge str., wie beim Rückenteil angegeben.

LINKES VORDERTEIL

Gegengleich zum rechten Vorderteil str., jedoch ohne Knopflöcher.

ÄRMEL

(2x arbeiten)

31/33/35 M mit Nd Nr. 5 anschl. und für den Ärmelaufschlag 14 R im Perlmuster str.

Mit Nd Nr. 4,5 weitere 14 R im Perlmuster str.

Wieder mit Nd Nr. 5 str. und für die Armschrägen in der nächsten R und in jeder folgenden 3./4./4. R beidseitig je 1 M zun., bis 53/55/59 M erreicht sind.

Gerade weiterstr., bis eine Gesamthöhe von 23/25/27 cm erreicht ist; enden mit einer Rück-R.

Alle M abk.

Alle Teile auf eine weiche Unterlage stecken, mit einem feuchten Tuch bedecken und trocknen lassen. Beide Schulternähte schließen.

KAPUZE

Mit Nd Nr. 5 von der rechten Seite der Arbeit aus der gesamten Halsausschnittkante M aufnehmen und re str. wie folgt:

16 M aus der linken Halskante, die stillgelegten 21/21/23 M des Rückenteiles und 16 M aus der rechten Halskante (= 53/53/55 M).

Erst 3 R im Perlmuster str. und danach die 2 Knopfloch-R str. Am Beginn der beiden nächsten R je 4 M abk. (= 45/45/47 M).
Nächste Reihe (Hin-R): 7/3/5 M im Perlmuster, * aus den nächsten 2 M jeweils 2 M herausstr., 4/4/3 M im Perlmuster, von * wdh. bis zu den letzten 2/0/2 M; enden mit 2/0/2 M im Perlmuster (= 57/59/63 M).
Gerade weiterstr., bis die Kapuze eine Höhe von 18/19/20 cm ab der Halsausschnittkante hat.
Alle M abk.
Die oberen Kanten der Kapuze zusammennähen.

FERTIGSTELLUNG
Die Ärmel einsetzen, Seiten- und Ärmelnähte schließen, dabei die unteren 14 R des Ärmels von der Gegenseite schließen, weil sie als Manschette nach außen umgeschlagen werden.

TASCHEN
(2x arbeiten)
13/15/15 M mit Nd Nr. 5 anschl. und 26/28/30 R im Perlmuster str.
Alle M abk.
Die Taschen auf die Vorderteile aufnähen (siehe Abb. auf Seite 72).

RINGELPULLOVER

EIN KLASSIKER SCHLECHTHIN! KINDERLEICHT NACHZUARBEITEN UND DESHALB IDEAL FÜR STRICK-UNGEÜBTE!

MATERIAL

Rowan Cotton Glace (LL 115 m/50 g) in folgenden Mengen und Farben: 150/200/200 g in Dunkelblau (Fb A), 50/100/100 g in Weiß (Fb B); Stricknadeln Nr. 2,5 – 3 und 3 – 3,5; 3 Knöpfe

STRICKMUSTER
Glatt rechts: Hin-R re M, Rück-R li M.
Kraus rechts: Hin- und Rück-R re str.

MASCHENPROBE
25 M und 34 R mit Nd Nr. 3 – 3,5 glatt re gestr. = 10 x 10 cm

MASSE

Alter	6	12	24 Monate
Fertig gestr. Oberweite	58	66	74 cm
Länge	32	37	44 cm
Unterarmlänge	14,5	16,5	19,5 cm

Hinweis: Die Angaben für die einzelnen Größen sind durch Schrägstriche voneinander getrennt; die erste Angabe bezieht sich auf die kleinste Größe. Steht nur eine Angabe, so gilt sie für alle Größen. Angaben zum verwendeten Garn finden Sie auf S. 21. Abkürzungen siehe S. 20.

RÜCKENTEIL
Mit Fb A 73/83/93 M mit Nd Nr. 2,5 – 3 anschl. und 5 R re M str. (= kraus re). Weiterstr. mit Nd Nr. 3 – 3,5 und Fb B hinzunehmen.
1. Reihe (Hin-R): Mit Fb A 4 M re, mit Fb B re str. bis zu den letzten 4 M; mit Fb A 4 M re.
2. Reihe: Mit Fb A 4 M re, mit Fb B li M str. bis zu den letzten 4 M; mit Fb A 4 M re.
3. Reihe: Mit Fb A alle M re str.
4. Reihe: Mit Fb A 4 M re, li M str. bis zu den letzten 4 M; 4 M re.
5. – 8. Reihe: 3. und 4. R 2x wdh.
9. und 10. Reihe: Wie 1. und 2. R.
11. Reihe (Hin-R): Mit Fb A alle M re str.
12. Reihe: Mit Fb A alle M li str.
13 – 16. Reihe: 11. und 12. R 2x wdh.
17. Reihe: Mit Fb B alle M re str.
18. Reihe: Mit Fb B alle M li str.
Die 11. bis 18. R ergeben den Streifenrapport und werden nun fortlaufend wdh. Gerade weiterstr., bis eine Gesamtlänge von 19/23/29 cm erreicht ist, enden mit einer Rück-R.

Armausschnitte
Am Beginn der beiden nächsten R je 4 M abk. (= 65/75/85 M). Gerade weiterstr., bis eine Armausschnitthöhe von 13/14/15 cm erreicht ist, enden mit einer Rück-R.

Schultern
Nächste Reihe (Hin-R): Für die rechte Schulter die ersten 22/24/28 M abk., dann re M str., bis 21/27/29 M auf der rechten Nd sind, diese M für den Halsausschnitt auf einem Maschenraffer stilllegen, R zu Ende str.
Faden abbrechen und die restlichen 22/24/28 M für die linke Schulter auf einem Maschenraffer stilllegen.

VORDERTEIL
Das Vorderteil str. wie das Rückenteil bis 18 R unterhalb der Schultern, enden mit einer Rück-R.

Halsausschnitt
Die mittleren 11/13/13 M auf einem Maschenraffer stilllegen. Beide Seiten getrennt beenden. Zunächst über die M der rechten Vorderteilhälfte arbeiten, dabei für die Halsrundung in den nächsten 5/7/8 R je 1 M abn. (= 22/24/28 M). Weitere 12/10/9 R glatt re im Streifenrapport str.
Die 22/24/28 M für die rechte Schulter abk. Die linke Vorderteilhälfte gegengleich beenden, dabei die M für die linke Schulter nicht abk., sondern auf einem Maschenraffer stilllegen.

ÄRMEL
(2x arbeiten)
50/54/56 M mit Fb A und Nd 2,5 – 3 anschl. und 6 R re M str. (= kraus re). Weiterstr. mit Nd Nr. 3 – 3,5. Mit 2 R in Fb B beginnen und in der gleichen Streifenfolge str., wie beim Rückenteil angegeben; dabei für die Armschrägen in der 5. und in jeder folgenden 5./6./6. R beidseitig je 1 M zun., bis 62/66/72 M erreicht sind.
Gerade weiterstr., bis eine Gesamthöhe von 16/18/21 cm erreicht ist, enden mit einer Rück-R. Alle M abk.

FERTIGSTELLUNG
Alle Teile auf eine weiche Unterlage stecken, mit einem feuchten Tuch bedecken und trocknen lassen. Die rechte Schulternaht schließen.

Halsblende
Mit Nd Nr. 2,5 – 3 und Fb A von der rechten Seite der Arbeit M aus dem Halsausschnitt aufnehmen und re str. wie folgt: 16 M aus der linken vorderen Halsausschnittkante, die stillgelegten 11/13/13 Mittel-M des Vorderteils, 16 M aus der rechten vorderen Halsausschnittkante, danach die stillgelegten 21/27/29 Mittel-M des Rückenteils (= 64/72/74 M).
4 R re M str. Alle M abk.

Schulterblenden
Für die linke vordere Schulterblende von der rechten Seite der Arbeit mit Nd Nr. 2,5 – 3 und Fb A die stillgelegten 22/24/28 M re str. und zusätzlich aus der seitlichen Halsblende 4 M aufn und re str. (= 26/28/32 M).
Nun 1 R re M str.
Knopfloch-R (Hin-R): 2 M re, 2 M re zus-str., 1 U, [8/9/11 M re, 2 M re zus-str., 1 U] 2x; 2 M re.
Noch 2 R re M str. Danach alle M abk.

Für die linke rückwärtige Schulterblende von der rechten Seite der Arbeit mit Nd Nr. 2,5 – 3 und Fb A 4 M aus der seitlichen Halsblende aufnehmen und re str., danach die stillgelegten 22/24/28 M re str. (= 26/28/32 M).
4 R re M str. Danach alle M abk.

Die vordere Schulterblende auf die rückwärtige Schulterblende legen und an der Armausschnittkante zusammennähen. Ärmel einnähen, Ärmel- und Seitennähte schließen, dabei die Seiten für die Schlitze erst oberhalb der unteren 14 R schließen. Knöpfe annähen.

BORDÜREN-PULLOVER

HÄSCHEN, SCHAFE, HERZEN UND BLUMEN AUF DIESEM REIZENDEN PULLOVER SIND EINEM ALTEN STICKMUSTERTUCH ENTNOMMEN UND BEGEISTERN SICHER JEDES KIND.

MATERIAL

Rowan Cotton Glace (LL 115 m/50 g) in folgenden Mengen und Farben: 200/250 g in Naturweiß (Fb A), Reste gleicher Qualität in Blau (Fb B), Rosa (Fb C), Oliv (Fb D), Grau (Fb E), Schwarz (Fb F) und Lila (Fb G); Stricknadeln Nr. 3 – 3,5 und 3,5 – 4

STRICKMUSTER

Rippenmuster: 2 M re, 2 M li im Wechsel str.; in Rück-R die M str., wie sie erscheinen.
Glatt rechts: Hin-R re M , Rück-R li M.
Häschen und Schafe werden einzeln in **Intarsientechnik** eingestrickt, die übrigen Bordüren werden in **Norwegertechnik** gearbeitet (siehe Seite 36). Beim Zählmuster werden die ungeraden R immer als Hin-R von rechts nach links gelesen, die geraden R immer als Rück-R von links nach rechts gelesen. Die R stets mit dem bezeichneten Anfang beginnen, danach den 16-M-Rapport so oft wie nötig wdh. und schließlich die R mit dem bezeichneten Ende abschließen.

MASCHENPROBE

26 M/32 R mit Nd Nr. 3,5 – 4 mehrfbg. glatt re gestr. = 10 x 10 cm

MASSE

Alter	6 – 9	18 – 24 Monate
Fertig gestr. Oberweite	62	75 cm
Länge	28	31 cm
Unterarmlänge	16	20 cm

Hinweis: Die Angaben für die beiden Größen sind durch Schrägstriche voneinander getrennt; die erste Angabe bezieht sich auf die kleinere Größe. Steht nur eine Angabe, so gilt sie für beide Größen.

RÜCKENTEIL

78/94 M mit Nd Nr. 3 – 3,5 und Fb A anschl.
1. Reihe (Hin-R): 2 M re, [2 M li, 2 M re] wdh. bis RE.
2. Reihe: 2 M li, [2 M re, 2 M li] wdh. bis RE.
3. – 8. Reihe: 1. und 2. R 3x wdh., dabei in der 8. R gleichmäßig verteilt 3 M zun. (= 81/97 M).
Glatt re mit Nd Nr. 3,5 – 4 weiterstr. (9. R = Hin-R) und mit der 1. R des Zählmusters (S. 83) beginnen. Den 16-M-Rapport in der Reihe sowie den 56-R-Mustersatz in der Höhe fortlaufend wdh., bis eine Gesamthöhe von 28/31 cm erreicht ist, enden mit einer Rück-R.

Schultern

Am Beginn der nächsten 4 R je 13/16 M abk.
Die restlichen 29/33 M für das Halsbündchen auf einem Maschenraffer stilllegen.

VORDERTEIL

Das Vorderteil str. wie das Rückenteil bis 20 R unterhalb der Schulterschrägen, enden mit einer Rück-R.

Halsausschnitt

In der nächsten R die mittleren 15/19 M auf einem Maschenraffer stilllegen. Beide Seiten getrennt beenden.
Für die Halsrundung in den nächsten 5 R je 1 M abn., danach 2x in jeder folgenden 2. R je 1 M abn. (= 26/32 M).

Schulter

Die Schulterschräge str., wie beim Rückenteil angegeben.
Die andere Seite gegengleich beenden.

ÄRMEL

(2x arbeiten)
42/46 M mit Nd Nr. 3 – 3,5 und Fb A anschl. und 7 R im Rippenmuster str. (siehe Rückenteil); enden mit einer Hin-R.
8. Reihe (Rück-R): 3/5 M im Rippenmuster, 1 M zun., [6/9 M im Rippenmuster, 1 M zun.] 6/4 x; 3/5 M im Rippenmuster (= 49/51 M).
Glatt re mit Nd Nr. 3,5 – 4 weiterstr. (9. R = Hin-R) und mit der 1. R des Zählmusters (S. 83) beginnen. Den 16-M-Rapport in der Reihe sowie den 56-R-Mustersatz fortlaufend wdh.; dabei für die Armschrägen in der 3. R und in jeder folgenden 3./4. R beidseitig je 1 M zun., bis 67/73 M erreicht sind. Gerade weiterstr., bis eine Gesamthöhe von 16/20 cm erreicht ist, enden mit einer Rück-R.
Alle M abk.

FERTIGSTELLUNG

Alle Teile auf eine weiche Unterlage stecken, mit einem feuchten Tuch bedecken und trocknen lassen. Die rechte Schulternaht schließen. Für das Halsbündchen aus den Halsausschnittkanten von der rechten Seite der Arbeit mit Nd Nr. 3 – 3,5 und Fb A 74/86 M aufnehmen und re str. Mit der 2. R des Rippenmusters beginnen (siehe Rückenteil) und noch 8 R im Rippenmuster str. Danach mit einer Rück-R beginnen und noch 6 R glatt re str. Alle M abk.

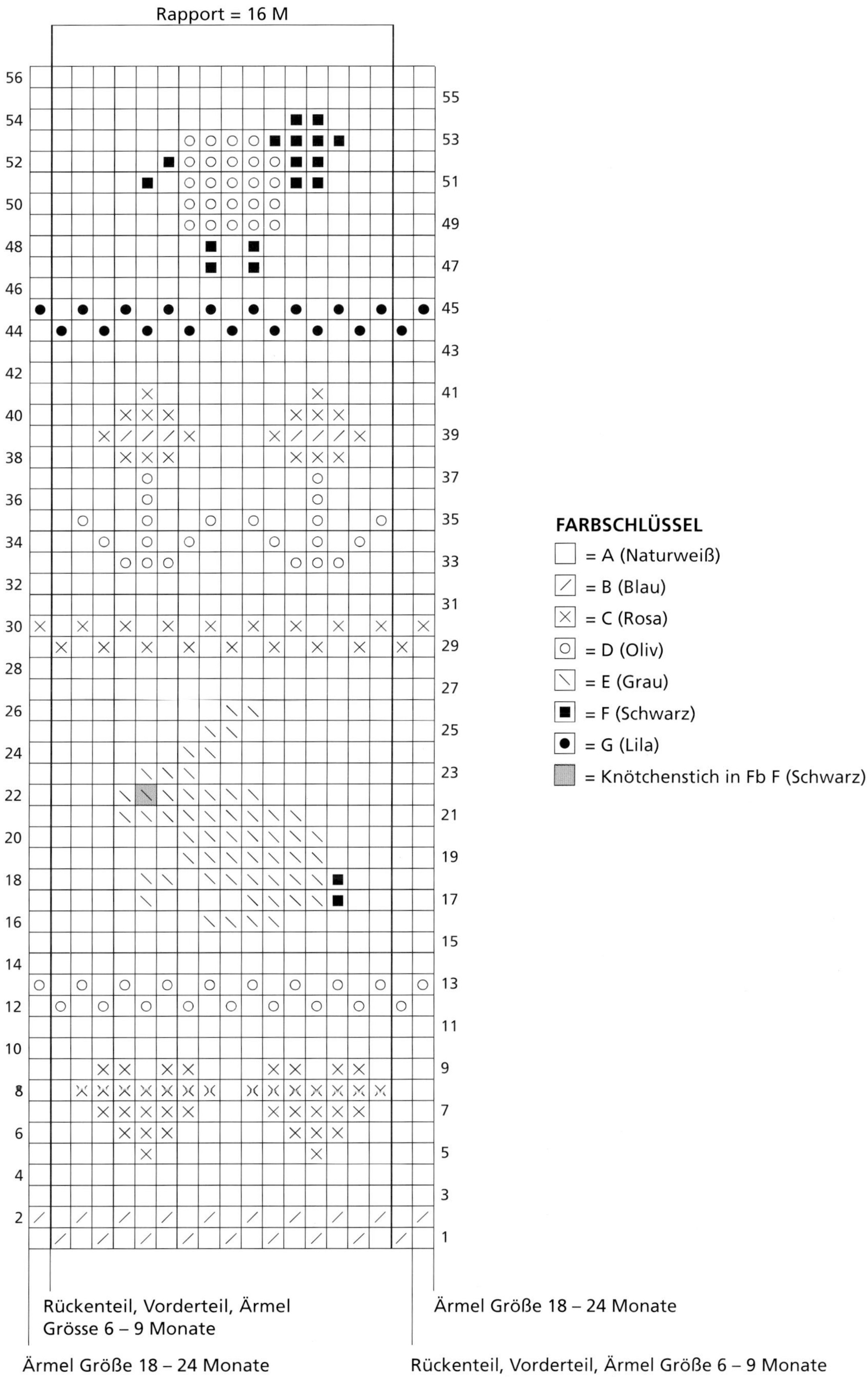
Rapport = 16 M
FARBSCHLÜSSEL
= A (Naturweiß)
= B (Blau)
= C (Rosa)
= D (Oliv)
= E (Grau)
= F (Schwarz)
= G (Lila)
= Knötchenstich in Fb F (Schwarz)
Rückenteil, Vorderteil, Ärmel Grösse 6 – 9 Monate
Ärmel Größe 18 – 24 Monate
Ärmel Größe 18 – 24 Monate
Rückenteil, Vorderteil, Ärmel Größe 6 – 9 Monate

JÄCKCHEN IM PERLMUSTER MIT ZOPFMUSTERBLENDE

DIESES JÄCKCHEN MIT ZOPFBLENDE IST ETWAS GANZ BESONDERES!

MATERIAL

150/200/250 g *Rowan Cotton Glace* (LL 115 m/50 g in Zartrosa; Stricknadeln Nr. 3 und 3,5 mm; Zopfnadel; 2 Knöpfe

STRICKMUSTER

Perlmuster: 1 M re, 1 M li im Wechsel str.; in der Rück-R die M str. wie in der Hin-R (= re M auch in der Rück-R re str., li M wieder li str.).

Kraus rechts: In Hin- und Rück-R re M str.

MASCHENPROBE

25 M/40 R mit Nd Nr. 3,5 im Perlmuster gestr. = 10 x 10 cm

MASSE

Alter	12	18	24 Monate
Fertig gestr. Oberweite	65	70	74 cm
Länge	25	28	31 cm
Unterarmlänge	17	20	23 cm

Hinweis: Die Angaben für die einzelnen Größen sind durch Schrägstriche voneinander getrennt; die erste Angabe bezieht sich auf die kleinste Größe. Steht nur eine Angabe, so gilt sie für alle Größen.

RÜCKENTEIL

81/87/93 M mit Nd Nr. 3,5 anschl.

1. Reihe (Hin-R): 1 M re, [1 M li, 1 M re] wdh. bis RE.

Diese R teilt das Perlmuster ein und wird fortlaufend wiederholt.

Gerade weiterstr., bis eine Gesamthöhe von 21/24/27 cm erreicht ist; enden mit einer Rück-R.

Halsausschnitt

In der nächsten R die mittleren 25/27/29 M abk. und beide Seiten getrennt beenden.

Für die Halsrundung in den nächsten 6 R je 1 M abk. (= 22/24/26 M).

Noch 1 R ohne Abn. str.

Schultern

Für die Schulterschräge am Beginn der nächsten R und der folgenden 2. R 2 x je 11/12/13 M abk.

Die andere Seite gegengleich beenden.

LINKES VORDERTEIL

23/25/27 M mit Nd Nr. 3,5 anschl. und die 1. R im Perlmuster str., wie beim Rückenteil angegeben.

Im Perlmuster weiterstr. und für die Rundung am Beginn der nächsten R und in jeder folgenden 2. R je 1 M zun., bis 37/40/43 M erreicht sind.

Gerade weiterstr., bis eine Gesamthöhe von 11/12/13 cm erreicht ist, enden an der Seitenkante.

Halsschräge

Für die vordere Halsschräge am Ende der nächsten R und an derselben Kante in jeder folgenden 3. R je 1 M abn., bis 22/24/26 M übrig sind.

Gerade weiterstr., bis die gleiche Länge erreicht ist wie beim Rückenteil bei Beginn der Schulterschrägen. Die Schulterschräge str., wie beim Rückenteil angegeben.

RECHTES VORDERTEIL

Gegengleich zum linken Vorderteil str.

ÄRMEL

(2x arbeiten)

39/41/43 M mit Nd Nr. 3 anschl. und 9 R re M str. (= kraus re).

Mit Nd Nr. 3,5 im Perlmuster weiterstr.

Für die Armschrägen in der 3. R und in jeder folgenden 6. R beidseitig je 1 M zun., bis 55/61/67 M erreicht sind.

Gerade weiterstr., bis eine Ärmellänge von 17/20/23 cm erreicht ist; enden mit einer Rück-R.

Alle M abk.

TASCHEN (2x arbeiten)
13 M mit Nd Nr. 3,5 anschl. und 2 R im Perlmuster str.
Für die Rundung in der nächsten R und in jeder folgenden 2. R beidseitig je 1 M zun., bis 19 M erreicht sind.
Gerade weiterstr., bis eine Gesamthöhe von 5/6/7 cm erreicht ist; enden mit einer Rück-R.
Mit Nd Nr. 3 noch 2 R re M str. Alle M abk.
Für die Taschenumrandung von re mit Nd Nr. 3 rund um alle Kanten 40/44/48 M aufnehmen und re str.
Noch 1 R re M str. Alle M abk.

FERTIGSTELLUNG
Alle Teile auf eine weiche Unterlage stecken, mit einem feuchten Tuch bedecken und trocknen lassen. Beide Schulternähte schließen. Die Ärmel einnähen. Entlang der rechten Vorderteilkante die Position der 2 Knöpfe markieren: auf der letzten Zun. der unteren Rundung und auf der 1. Abn. der vorderen Halsschräge.

Zopfmusterblende
8 M mit Nd Nr. 3,5 anschl.
1. Reihe (Hin-R): 8 M re.
2. Reihe und alle geraden Reihen (Rück-R): 2 M re, 4 M li, 2 M re.
3. Reihe: 2 M re, die folgenden 2 M auf eine Zopf-Nd heben, vor die Arbeit legen, die nächsten 2 M re str., danach die 2 M der Zopf-Nd re str., 2 M re.
5. Reihe: Wie 1. R str.
6. Reihe: Wie 2. R str.
Die 6 R ergeben den Musterrapport und werden fortlaufend wiederholt, bis die Blende dieselbe Länge hat wie der Umfang der gesamten unteren, vorderen und hinteren Jackenkanten einschließlich der Verschlusskanten. Schon während des Strickens die Blende an den Kanten festnähen, beginnend an der Seitennaht des linken Vorderteils. Beim rechten Vorderteil in Höhe der Markierungen für die Knöpfe je 1 Knopfloch str.:
Knopflochreihe (Hin-R): 2 M re, 2 M re zus-str., 2 U, 1 M abh., 1 M re, die abgehobene M über die re gestr. M heben, 2 M re.
Nächste Reihe: 2 M re, 1 M li, aus den 2 U der vorherigen R 2 M li str., dabei 1x von vorne und 1x von hinten in den U einstechen, 1 M li, 2 M re.
Ärmel und Seitennähte schließen. Taschen aufnähen. Knöpfe annähen.

MATROSENJÄCKCHEN MIT SOCKEN

IN DIESEM MATROSENJÄCKCHEN MIT PASSENDEN STRÜMPFEN WIRD IHR LIEBLING REIZEND AUSSEHEN.

MATERIAL

Rowan 4 ply Cotton (LL 170 m/50 g) in folgenden Mengen und Farben: 50 g in Rot (Fb A), 100 g in Weiß (Fb B), 150 g in Blau (Fb C); Stricknadeln Nr. 2,5 und 3 ; Nadelspiel Nr. 2,5 und 3; 4 Knöpfe

STRICKMUSTER

Glatt rechts: Hin-R re M, Rück-R li M.
Kraus rechts: In Hin- und Rück-R re M str.

MASCHENPROBE

28 M/38 R mit Nd Nr. 3 glatt re gestr. = 10 x 10 cm

MASSE

Alter	6-12	18 – 24 Monate
Fertig gestr. Oberweite	66	73 cm
Länge	26	32 cm
Unterarmlänge	16	19 cm

Hinweis: Die Angaben für die einzelnen Größen sind durch Schrägstriche voneinander getrennt; die erste Angabe bezieht sich auf die kleinste Größe. Steht nur eine Angabe, so gilt sie für alle Größen. Nähere Angaben zum verwendeten Garn finden Sie auf Seite 21. Abkürzungen siehe Seite 20.

MATROSENJÄCKCHEN

RÜCKENTEIL

92/102 M mit Nd Nr. 2,5 und Fb A anschl.
4 R re M str. (= kraus re).
Weiterstr. mit Nd Nr. 3 und Fb B hinzunehmen. Beim Farbwechsel jeweils die Fäden auf der Rückseite der Arbeit verkreuzen, damit keine Löcher entstehen.
1. Reihe (Hin-R): Mit Fb A 3 M re, mit Fb B re str. bis zu den letzten 3 M; mit Fb A 3 M re.
2. Reihe: Mit Fb A 3 M re, mit Fb B li str. bis zu den letzten 3 M; mit Fb A 3 M re.; Fb C hinzunehmen.
3. Reihe: Mit Fb A 3 M re, mit Fb C re str. bis zu den letzten 3 M; mit Fb A 3 M re.
4. Reihe: Mit Fb A 3 M re, Mit Fb C li str. bis zu den letzten 3 M; 3 M re mit Fb A.
5. – 12. Reihe: 1. – 4. R 2x wdh.; Fb A abbrechen.
13. Reihe (Hin-R): Mit Fb B alle M re str.
14. Reihe: Mit Fb B alle M li str.
15. Reihe: Mit Fb C alle M re str.
16. Reihe: Mit Fb C alle M li str.
In der 13. – 16. R wird die Streifenfolge festgelegt, die fortlaufend wiederholt wird. Bei einer Gesamthöhe von 26/32 cm enden mit einer Rück-R.

WICKELJÄCKCHEN

EINFACH SCHÖN! DAS WICKELJÄCKCHEN MIT AUFGESTICKTEN ROSENKNOSPEN BEWEIST STIL.

MATERIAL

200/250 g *Rowan Cotton Glace* (LL 115 m/50 g) in Hellblau
Reste der gleichen Qualität in Grün, Pink und Blau für die Stickerei; Stricknadeln Nr. 2,5 – 3 und 3 – 3,5

STRICKMUSTER
Glatt rechts: Hin-R re M, Rück-R li M.

MASCHENPROBE
25 M/34 R mit Nd Nr. 3 – 3,5 glatt re gestr. = 10 x 10 cm

MASSE

Alter	0 – 6	6 – 12 Monate
Fertig gestr. Oberweite	54	61 cm
Länge	21	24 cm
Unterarmlänge	14	19 cm

Hinweis: Die Angaben für die beiden Größen sind durch Schrägstriche voneinander getrennt; die erste Angabe bezieht sich auf die kleinere Größe. Steht nur eine Angabe, so gilt sie für beide Größen. Nähere Angaben zum verwendeten Garn finden Sie auf S. 21. Abkürzungen siehe S. 20 und 97.

Spezielle Abkürzung:
1 M umw. (1 Masche umwickeln) = die folgende M auf die re Nd heben, den Faden von der Rückseite zwischen den Nd auf die Vorderseite holen, die abgeh. M von der re Nd auf die li Nd heben.

RÜCKENTEIL
68/76 M mit Nd Nr. 2,5 – 3 anschl.
1. Reihe (Hin-R): [1 M re, 1 M li] wdh. bis RE.
2. Reihe: [1 M li, 1 M re] wdh. bis RE.
Diese beiden R ergeben das Perlmuster. Weitere 6 R in diesem Muster str. Danach mit Nd Nr. 3 – 3,5 glatt re weiterstr. (9. R = Hin-R re), bis eine Gesamthöhe von 21/24 cm erreicht ist, enden mit einer Rück-R.

Schultern
Für die Schulterschrägen am Beginn der nächsten 4 R je 9/10 M abk. Die restl. 32/36 M abk.

LINKES VORDERTEIL
64/74 M mit Nd Nr. 2,5 – 3 anschl. und 8 R im Perlmuster str. wie beim Rückenteil, enden mit einer Rück-R. Weiterstr. mit Nd Nr. 3 – 3,5.
1. Reihe (Hin-R): Re M str. bis zu den letzten 5 M; enden mit 5 M im Perlmuster.
2. Reihe: 5 M im Perlmuster; li M str. bis RE.
Die 1. und 2. R noch 4/5x wdh., danach die 1. R noch 1x str.; enden mit einer Hin-R.

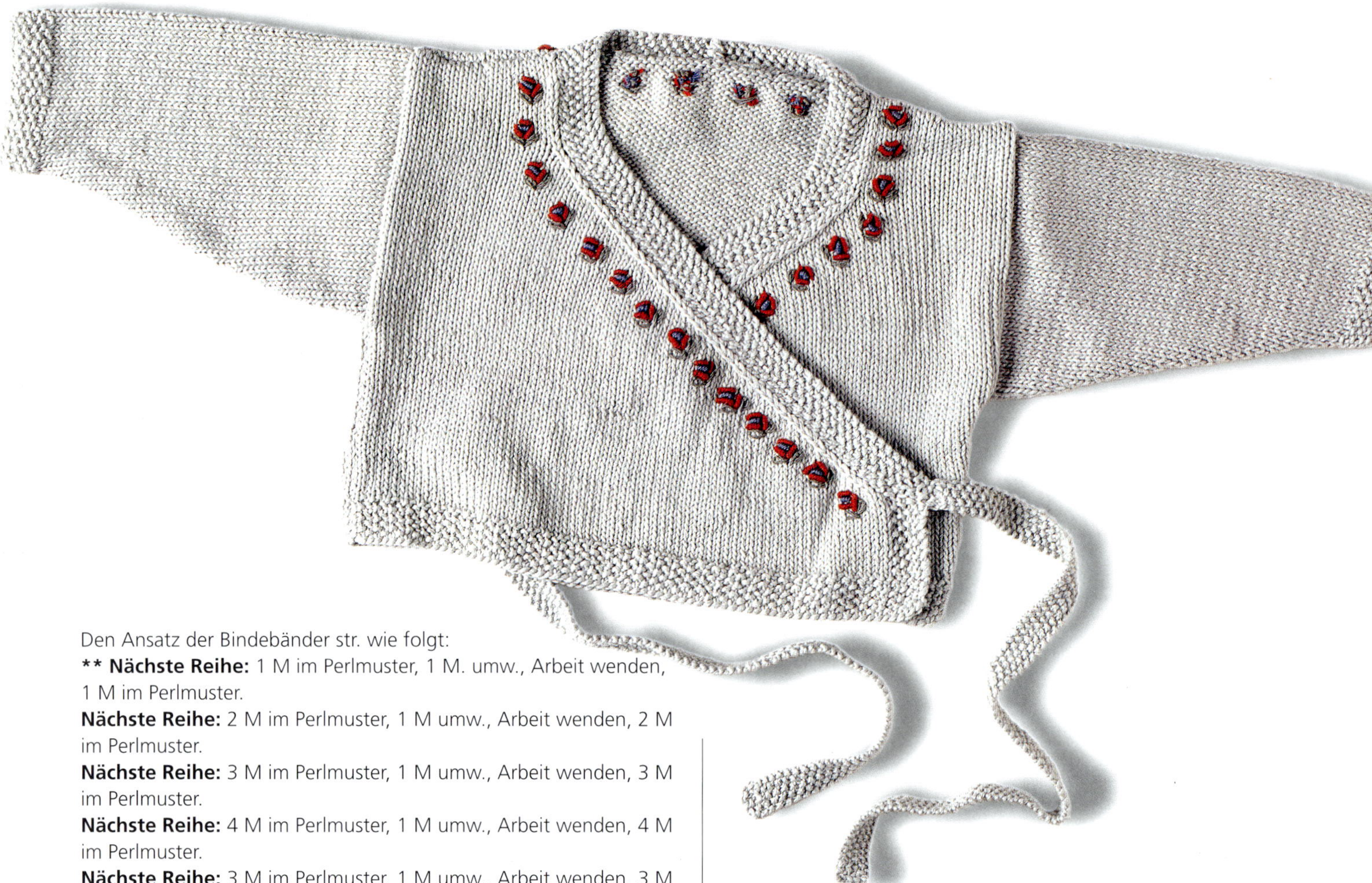

Den Ansatz der Bindebänder str. wie folgt:
**** Nächste Reihe:** 1 M im Perlmuster, 1 M. umw., Arbeit wenden, 1 M im Perlmuster.
Nächste Reihe: 2 M im Perlmuster, 1 M umw., Arbeit wenden, 2 M im Perlmuster.
Nächste Reihe: 3 M im Perlmuster, 1 M umw., Arbeit wenden, 3 M im Perlmuster.
Nächste Reihe: 4 M im Perlmuster, 1 M umw., Arbeit wenden, 4 M im Perlmuster.
Nächste Reihe: 3 M im Perlmuster, 1 M umw., Arbeit wenden, 3 M im Perlmuster.
Nächste Reihe: 2 M im Perlmuster, 1 M umw., Arbeit wenden, 2 M im Perlmuster.
Nächste Reihe: 1 M im Perlmuster, 1 M umw., Arbeit wenden, 1 M im Perlmuster. **
Nächste Reihe: 5 M im Perlmuster, diese M für die Blende auf eine Sicherheits-Nd nehmen und stilllegen, li M str. bis RE (= 59/69 M).

Vordere Schräge
Nächste R (Hin-R): Re str. bis zu den letzten 3 M; enden mit 2 M re zus-str., 1 M re.
Nächste Reihe: 1 M li, 2 M li zus-str., li str. bis RE.
Alle weiteren Abn. auf die gleiche Weise str., wie in den letzten beiden R angegeben. An der vorderen Schräge in jeder R je 1 M abn., bis 18/20 M übrig sind. Gerade weiterstr., bis eine Gesamthöhe von 21/24 cm erreicht ist, enden an der seitlichen Kante.

Schulter
Für die Schulterschräge am Beginn der nächsten und der folgenden 2. R je 9/10 M abk.

RECHTES VORDERTEIL
64/74 M mit Nd Nr. 2,5 – 3 anschl. und 8 R im Perlmuster str., enden mit einer Rück-R. Weiterstr. mit Nd Nr. 3 – 3,5.
1. Reihe (Hin-R): 5 M im Perlmuster, re M str. bis RE.
2. Reihe: Li M str. bis zu den letzten 5 M; enden mit 5 M im Perlmuster.

Die beiden letzten R noch 5/6x wdh., enden mit einer Rück-R. Die vord. Schräge str., wie beim linken Vorderteil von ** bis ** angegeben.
Nächste R (Hin-R): 5 M im Perlmuster, 1 M abh., 1 M re, die abgeh. M über die re gestr. M heben, re M str. bis RE.
Nächste Reihe: Li M str. bis zu den letzten 8 M; enden mit 2 M li verschr. zus-str., 1 M li, Arbeit wenden, die letzten 5 M für die Blende stilllegen (= 57/67 M).
Das rechte Vorderteil gegengleich zum linken Vorderteil beenden.

ÄRMEL (2x arbeiten)
38/42 M mit Nd Nr. 2,5 – 3 anschl. und 8 R im Perlmuster str., enden mit einer Rück-R. Glatt re mit Nd Nr. 3 – 3,5 weiterstr. (9. R = Hin-R re), dabei für die Armschrägen in der 3. R und in jeder folgenden 2./3. R beidseitig je 1 M zun., bis 66/70 M erreicht sind. Gerade weiterstr., bis eine Ärmellänge von 14/19 cm erreicht ist, enden mit einer Rück-R. Alle M abk.

FERTIGSTELLUNG
Alle Teile auf eine weiche Unterlage stecken, mit einem feuchten Tuch bedecken und trocknen lassen. Beide Schulternähte schließen. Für die vorderen Blenden jeweils die stillgelegten 5 M auf Nd Nr. 2,5 – 3 nehmen und im Perlmuster str., bis die Blende, leicht gedehnt, die gleiche Länge hat wie die Kante der vorderen Schräge und der Hälfte des hinteren Halsausschnittes, jeweils enden mit einer Rück-R. Die M abk. Die Blenden festnähen, die hinteren Schmalseiten der Blenden zusammennähen.

Bindebänder (2x arbeiten): 5 M mit Nd Nr. 2,5 – 3 anschl.
1. Reihe: 1 M re, [1 M li, 1 M re] 2x.
Diese R wdh., bis eine Länge von 34/38 cm erreicht ist. Alle M abk. Jeweils ein Ende des Bandes an der rechten und linken Vorderteilkante unterhalb der vorderen Schräge festnähen.
Die Ärmel einnähen, Seiten- und Ärmelnähte schließen, dabei an der rechten Seitennaht eine Öffnung für das linke Bindeband lassen. Entlang der vorderen Schrägen und des hinteren Halsausschnitts Rosenknospen aufsticken, dafür das Garn in 3 einzelne Fäden teilen. Für jede Knospe in Pink 3 Blütenblätter im Wickelstich aufsticken (Faden 8x um die Nd wickeln) und die Blättchen im Dreieck anordnen. Die Blütenmitte mit einem Knötchenstich in Blau ausfüllen (Faden 4x um die die Nd wickeln). Nahe der Blütenblätter mit Grün zwei Blättchen im Margeritenstich aufsticken.

DECKE MIT HERZEN, STERNEN UND MONDEN

WELCHES BABY WÜRDE SICH ZUM SCHLAFEN NICHT GERNE IN DIESE FRÖHLICH GEMUSTERTE PATCHWORK-DECKE KUSCHELN?

Streifenfolge für die gestreiften Quadrate über 23 M:
1. Reihe (Hin-R): Mit Fb C re.
2. Reihe: Mit Fb C li.
3. Reihe: Mit Fb D re.
4. Reihe: Mit Fb D li.
5. Reihe: Mit Fb B re.
6. Reihe: Mit Fb B li.
7. Reihe: Mit Fb E re.
8. Reihe: Mit Fb E li.
9. Reihe: Mit Fb A re.
10. Reihe: Mit Fb A li.
11 – 30. Reihe: 1. – 10. R 2x wdh.
31. und 32. Reihe: Wie 1. und 2. R.
Diese 32 R ergeben ein komplettes Streifenquadrat.

DECKE

145 M mit Nd Nr. 4 und Fb A anschl.
1. Reihe (Hin-R): 1 M re, [1 M li, 1 M re] wdh. bis RE.
Diese R ergibt ein Perlmuster. Weitere 5 R im Perlmuster str.
Nun folgt die Einteilung der verschiedenen Motive laut Zählmuster (Seite 103); dabei die Perlmustermaschen stets in Fb A str.:
7. Reihe: 5 M im Perlmuster, über die nächsten 23 M mit R 1 des Sternmotives in der angegebenen Grundfarbe beginnen; 5 M im Perlmuster, danach über die folgenden 23 M mit R 1 der Streifenfolge beginnen; 5 M im Perlmuster, über die nächsten 23 M mit R 1 des Mondmotives beginnen, 5 M im Perlmuster; über die nächsten 23 M mit R 1 der Streifenfolge beginnen; 5 M im Perlmuster; danach über die nächsten 23 M mit R 1 des Herzmotives in der entsprechenden Grundfarbe beginnen; 5 M im Perlmuster.
In dieser Aufteilung str., bis 32 R beendet sind.
39. Reihe: 5 M im Perlmuster, [weiter mit Fb A 23 M re, 5 M im Perlmuster] 5x.
Danach noch 5 R über die gesamte Breite im Perlmuster str.
In der folgenden R werden die Motive neu eingeteilt, dabei werden die M im Perlmuster weiterhin immer in Fb A gestr.:
45. Reihe: 5 M im Perlmuster, 23 M Streifenfolge; 5 M Perlmuster, 23 M Sternmotiv; 5 M im Perlmuster, 23 M Streifenfolge; 5 M im Perlmuster, 23 M Mondmotiv; 5 M im Perlmuster, 23 M Streifenfolge, 5 M im Perlmuster.
Weiterstr., bis die 32 R der Motive beendet sind.
77. Reihe: Wie 39. R.
Danach 5 R im Perlmuster str.
83. Reihe: 5 M im Perlmuster, 23 M Herzmotiv; 5 M im Perlmuster, 23 M Streifenfolge; 5 M im Perlmuster, 23 M Sternmotiv; 5 M im Perlmuster, 23 M Streifenfolge; 5 M Perlmuster, 23 M Mondmotiv, 5 M im Perlmuster.
Weiterstr., bis die 32 R der Motive beendet sind.

MATERIAL

Rowan Handknit DK Cotton (LL 85 m/50 g) in folgenden Mengen und Farben: 250 g in Dunkelblau (Fb A), 200 g in Königsblau (Fb B), je 100 g in Pink (Fb C), Gelb (Fb C) und Limone (Fb D); Stricknadeln Nr. 4; Sticknadel Nr. 18 ohne Spitze

STRICKMUSTER
Glatt rechts: Hin-R re M, Rück-R li M.
Intarsientechnik: Das mehrfarbige Muster wird in Intarsientechnik, also mit einzelnen Knäueln für jedes Motiv, gestrickt. Bei jedem Farbwechsel werden die Fäden auf der Rückseite miteinander verkreuzt, damit keine Löcher entstehen. Beim Stricken nach Zählmuster werden die ungeraden R (= Hin-R) von rechts nach links, die geraden R (= Rück-R) von links nach rechts gelesen.

MASCHENPROBE
20 M/30 R mit Nd Nr. 4 mehrfarbig glatt re gestr. = 10 x 10 cm

MASSE
Die fertig gestr. Decke ist 73 cm breit und 91 cm lang.

Hinweis: Nähere Angaben zum verwendeten Garn finden Sie auf Seite 21. Abkürzungen siehe Seite 20.

115. Reihe: Wie 39. R.
Danach 5 R im Perlmuster str.
121. Reihe: 5 M Perlmuster, 23 M Streifenfolge; 5 M Perlmuster, 23 M Herzmotiv; 5 M Perlmuster, 23 M Streifenfolge; 5 M Perlmuster, 23 M Sternmotiv; 5 M Perlmuster, 23 M Streifenfolge, 5 M Perlmuster.
Weiterstr., bis die 32 R der Motive beendet sind.
153. Reihe: Wie 39. R.
Danach 5 R im Perlmuster str.
159. Reihe: 5 M im Perlmuster, 23 M Mondmotiv; 5 M im Perlmuster, 23 M Streifenfolge; 5 M im Perlmuster, 23 M Herzmotiv; 5 M im Perlmuster; 23 M Streifenfolge; 5 M im Perlmuster, 23 M Sternmotiv, 5 M im Perlmuster.
Weiterstr., bis die 32 R der Motive beendet sind.
191. Reihe: Wie 39. R.
Danach 5 R im Perlmuster str.
197. Reihe: 5 M im Perlmuster, 23 M Streifenfolge; 5 M im Perlmuster, 23 M Mondmotiv; 5 M Perlmuster, 23 M Streifenfolge; 5 M Perlmuster, 23 M Herzmotiv; 5 M Perlmuster, 23 M Streifenfolge, 5 M Perlmuster.
Weiterstr., bis die 32 R der Motive beendet sind.
229. Reihe: Wie 39. R.
Danach 5 R im Perlmuster str.
235. Reihe: Wie 7. R einteilen und alle 32 R der Motive str.
267. Reihe: Wie 39. R.
Danach 5 R im Perlmuster str.
Alle M im Perlmuster abk.
Mit der Schmuckfarbe des jeweiligen Motivs Sternchen aufsticken. Für jedes Sternchen 3 Spannstiche arbeiten, die sich in der Mitte kreuzen.

ZÄHLMUSTER „HERZ“

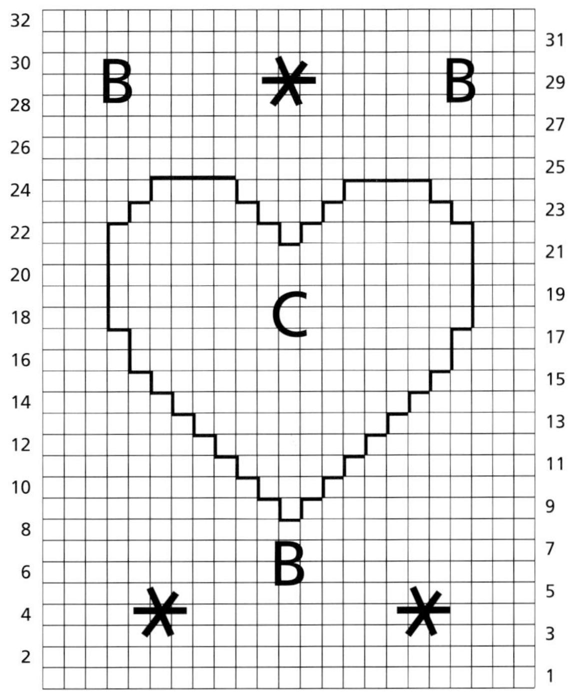

ZÄHLMUSTER „MOND“

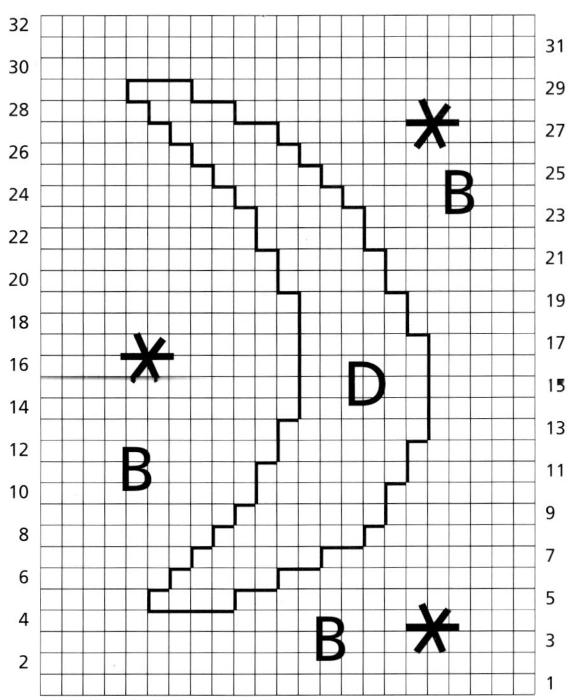

ZÄHLMUSTER „STERN“

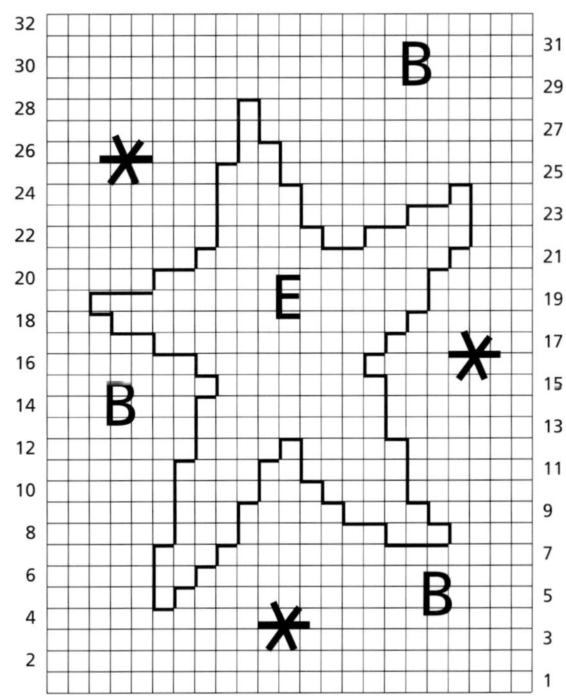

WAGENDECKE MIT AJOURMUSTER

EIN ECHTES FAMILIEN-ERBSTÜCK: DIESE KUSCHELIGE DECKE MIT FEINEM LOCHMUSTER WIRD BESTIMMT VON GENERATION ZU GENERATION WEITERGEGEBEN.

MATERIAL

550 g *Jaeger Matchmaker Merino 4-fädig* (LL 183 m/50 g) in Wollweiß; Stricknadeln Nr. 3 – 3,5

STRICKMUSTER
Glatt rechts: Hin-R re M, Rück-R li M.
Lochmuster: siehe Anleitung.

MASCHENPROBE
28 M/36 R mit Nd Nr. 3 – 3,5 im Lochmuster gestr. = 10 x 10 cm

MASSE
Die fertige Decke ist 108 cm breit und 114 cm lang.

Spezielle Abkürzungen:
2 M übz. zus-str. = 1 M abh., 1 M re, die abgeh. M über die re gestr. M ziehen
1 M zun. = aus der nächsten M 2 M herausstr. (1x von vorn, 1x von hinten in die M einstechen)
Fv = Faden vor die Arbeit legen

DECKE
279 M mit Nd Nr. 3 – 3,5 anschl. und im Lochmuster str. wie folgt:
1. Reihe (Hin-R): Re M str.
2. und alle geraden Reihen (Rück-R): Li M str.
3. Reihe: 2 M re, [1 U, 2 M übz. zus-str., 16 M re] bis zu den letzten 7 M; enden mit 1 U, 2 M übz. zus-str., 5 M re.
5. Reihe: 3 M re, [1 U, 2 M übz. zus-str., 16 M re] bis zu den letzten 6 M; enden mit 1 U, 2 M re übz. zus-str., 4 M re.
7. Reihe: 4 M re, [1 U, 2 M übz. zus-str., 16 M re] bis zu den letzten 5 M; enden mit 1 U, 2 M übz. zus-str., 1 M re.
9. Reihe: 2 M re, [2 M re zus-str., 1 U, 1 M re, 2 M übz. zus-str., 13 M re] bis zu den letzten 7 M; enden mit 2 M re zus-str., 1 U, 1 M re, 1 U, 2 M übz. zus-str., 2 M re.
11. Reihe: 1 M re, [2 M re zus-str., 1 U, 3 M re, 1 U, 2 M übz. zus-str, 11 M re] bis zu den letzten 8 M; enden mit 2 M re zus-str., 3 M re, 2 M übz. zus-str., 1 M re.
13. Reihe: Wie 7. R str.

15. Reihe: Wie 9. R str.
17. Reihe: 3 M re, [1 U, 1 M abh., 2 M re zus-str., die abgeh. M über die zus-gestr. M heben, 1 U, 15 M re] bis zu den letzten 6 M; enden mit 1 U, 1 M abh., 2 M re zus-str., die abgeh. M über die zus-gestr. M heben, 1 U, 3 M re.
19. und 21. Reihe: Re M str.
23. Reihe: 11 M re, [1 U, 2 M übz. zus-str., 16 M re] bis zu den letzten 16 M; enden mit 1 U, 2 M übz. zus-str., 14 M re.
25. Reihe: 12 M re, [1 U, 2 M übz. zus-str., 16 M re] bis zu den letzten 15 M; enden mit 1 U, 2 M übz. zus-str., 13 M re.
27. Reihe: 13 M re, [1 U, 2 M übz. zus-str., 16 M re] bis zu den letzten 14 M; enden mit 1 U, 2 M übz. zus-str., 12 M re.
29. Reihe: 11 M re, [1 U, 2 M übz. zus-str., 13 M re] bis zu den letzten 16 M; enden mit 2 M re zus-str., 1 U, 1 M re, 1 U, 2 M übz. zus-str., 11 M re.
31. Reihe: 10 M re, [2 M re zus-str., 1 U, 3 M re, 1 U, 2 M übz. zus-str., 11 M re] bis zu den letzten 17 M; enden mit 2 M re zus-str., 1 U, 3 M re, 1 U, 2 M übz. zus-str., 10 M re.
33. Reihe: Wie 27. R str.
35. Reihe: Wie 29. R str.
37. Reihe: 12 M re, [1 U, 1 M abh., 2 M re zus-str., die abgeh. M über die zus-gestr. M heben, 1 U, 15 M re] bis zu den letzten 15 M; enden mit 1 U, 1 M abh., 2 M re zus-str., die abgeh. M über die zus-gestr. M heben, 1 U, 12 M re.
39. Reihe: Re M str. **40. Reihe:** Li M str.
Diese 40 R legen das Muster fest. Den Mustersatz fortlaufend wdh., bis eine Gesamthöhe von 106 cm erreicht ist; enden mit der 20. Muster-R. Alle M abk.

SPITZENBORTE
8 M mit Nd Nr. 3 – 3,5 anschl.
1. Grundreihe (Hin-R): 6 M re, 1 M zun., Fv, 1 M li abh.
2. Grundreihe: 1 M re verschr., 1 M re, [1 U, 2 M übz. zus-str., 1 M re] 2x, Fv, 1 M li abh. (= 9 M).
Im Muster weiterstr. wie folgt:
1. Reihe (Hin-R): 1 M re verschr., 7 M re, 1 M zun; Arbeit wenden und 2 M neu anschl. (= 12 M).
2. Reihe: 1 M re, 1 M zun., 2 M re, [1 U, 2 M übz. zus-str., 1 M re] 2x, 1 U, 1 M re, Fv, 1 M li abh. (= 14 M).
3. Reihe: 1 M re verschr., 11 M re, 1 M zun., Fv, 1 M li abh. (= 15 M).

4. Reihe: 1 M re verschr., 1 M zun, 2 M re, [1 U, 2 M übz. zus-str., 1 M re] 3x, 1 M re, Fv, 1 M li abh. (= 16 M).
5. Reihe: 1 M re verschr., 13 M re, 2 M re zus-str. (= 15 M).
6. Reihe: [2 M übz. zus-str.] 2x, 4 M re, [1 U, 2 M übz. zus-str., 1 M re] 2x, Fv, 1 M li abh. (= 13 M).
7. Reihe: 1 M re verschr., 10 M re, 2 M re zus-str. (= 12 M).
8. Reihe: 3 M abk. (= 1 M auf der re Nd), 2 M re, 1 U, 2 M übz. zus-str., 1 M re, 1 U, 2 M übz. zus-str, Fv, 1 M li abh. (= 9 M).
Diese 8 R legen das Muster fest. Musterrapport fortlaufend wdh., bis die Spitzenborte rund um die Außenkante der Decke reicht; enden mit der 8. Muster-R. Alle M abk.

FERTIGSTELLUNG
Anschlag- und Abkettrand der Spitzenborte zusammennähen. Borte rund um die Decke nähen und dabei an den Ecken leicht einhalten.

HÜNDCHEN ZUM KUSCHELN

HUND FLECKI IST NUR IN GUTE HÄNDE ABZUGEBEN – ABER WER KÖNNTE SEINEM CHARME WOHL WIDERSTEHEN?

MATERIAL

Jaeger Persia (LL 100 m/50 g) in folgenden Mengen und Farben: 100 g in Beige (Fb A) und 50 g in Wollweiß (Fb B)
Rest Sportgarn in Braun (Fb C)
Stricknadeln Nr. 3,5 – 4
Kunstfaser-Füllwatte (waschbar)

STRICKMUSTER
Glatt links: Hin-R li M, Rück-R re M.
Glatt rechts: Hin-R re M, Rück-R li M.

MASCHENPROBE
20 M/32 R mit Nd Nr. 3,5 – 4 glatt li gestr. = 10 x 10 cm

MASSE
Der fertige Hund ist etwa 18 cm hoch und 31 cm lang.

ERSTE KÖRPERHÄLFTE
Hinterbein
**18 M mit Fb A anschl. und glatt li str. wie folgt:
1. Reihe (= Hin-R): Li M str.
2. Reihe: Re M str.
3. Reihe: 1 M li, [2 M li zus-str.] 3x, [1 M li, 2 M li zus-str.] 2x, 5 M li (= 13 M).
4. – 10. Reihe: Glatt li str. (4. R = Rück-R re); dabei am Beginn der 9. R 1 M zun. (= 14 M).
11. Reihe: Aus der 1. M 2 M herausstr., li M str. bis zu den beiden letzten M; enden mit 2 M li zus-str. (= 14 M).
12. Reihe: Re M str.
13. und 14. Reihe: Wie 11. und 12. R str.
Glatt li weiterstr., dabei am Beginn und am Ende der 15. und 19. R jeweils 1 M zun. (= 19 M). **
Am Ende der 20. R 1 M abn. (= 18 M) und alle M stilllegen.

Vorderbein
***17 M mit Fb A anschl. und glatt li str. wie folgt:
1. Reihe (= Hin-R): Li M str.
2. Reihe: Re M str.
3. Reihe: 1 M li, [2 M li zus-str.] 3x, 1 M li, 2 M li zus-str, 7 M li (= 13 M).
4. – 8. Reihe: Glatt li str. (4. R = Rück-R re).
9. Reihe: 2 M li zus-str., li M str. bis zur letzten M, aus der letzten M

2 M herausstr. (= 13 M).
10. – 12. Reihe: Glatt li str. (10. R = Rück-R re).
Die 9. – 12. R noch 2x wdh.***

Seite
Das Ende der letzten R mit einem kontrastfarbenen Faden markieren.
Am Beginn der 21. R 1 M zun. (= 14 M).
Das Ende dieser R ebenfalls markieren.
22. Reihe (Rück-R): 5 M neu anschl., re M str. bis zur letzten M, aus der letzten M 2 M herausstr. (= 20 M).
23. Reihe: Aus der 1. M 2 M herausstr., li M str. bis RE.
24. Reihe: 5 M neu anschl., re M str. bis RE (= 26 M). Beginn der 24. R markieren.

Beine verbinden
25. Reihe (Hin-R): Aus der 1. M 2 M herausstr., die übrigen 25 M des Vorderbeins li str., dann über die 18 M des Hinterbeins li str. (= 45 M).
26. – 29. Reihe: Glatt li str. (26. R = Rück-R re).
Ende der 29. R markieren.
30. – 34. Reihe: Glatt li str. (30. R = Rück-R re).
35. Reihe: 2 M abk., li M str. bis RE (= 43 M).
36. – 40. Reihe: Glatt li str. (36. R = Rück-R re).
41. Reihe: 1 M abk., li M str. bis RE (= 42 M).
42. Reihe: Re M str. Beginn der 42. R markieren.
43. Reihe: Li M str.

44. Reihe: Re M str.
45. Reihe: Li M str. bis zu den beiden letzten M, 2 M li zus-str. (= 41 M).
46. – 48. Reihe: Glatt li str. (46. R = Rück-R re).
49. Reihe (Hin-R): 28 M abk., li M str. bis zu den beiden letzten M, 2 M li zus-str. (= 12 M).

Schwanz
Glatt li weiterstr. und dabei am Ende der 50. und am Beginn der 51. R jeweils 1 M abn. (= 10 M).
52. Reihe: Re M str.
53. Reihe: Li M str., dabei beidseitig je 1 M abn. (= 8 M).
54. Reihe: Re M str.
55. – 60. Reihe: Glatt li str. (55. R = Hin-R li), dabei am Beginn der 55. und 57. R jeweils 1 M abn. (= 6 M). Alle M abk.

ZWEITE KÖRPERHÄLFTE
Gegengleich zur ersten Körperhälfte arbeiten, indem einfach li und re M vertauscht werden.

INNENSEITE DER HINTERBEINE
Erstes Bein
Von ** bis ** arbeiten wie das Hinterbein der ersten Körperhälfte.
20. Reihe: Re M str.
21. Reihe: 7 M abk., li M str. bis RE.
22. Reihe: Re M str.
23. Reihe: 6 M abk., li M str. bis RE.
24. Reihe: Re M str.
Die verbleibenden 6 M abk.

Zweites Bein
Gegengleich zum ersten Bein arbeiten, einfach li und re M vertauschen.

INNENSEITE DER VORDERBEINE
Erstes Bein
Von *** bis *** arbeiten wie das Vorderbein der ersten Körperhälfte.
21. Reihe (Hin-R): 7 M abk., li M str. bis RE.
22. Reihe: Re M str. Die verbleibenden 6 M abk.

Zweites Bein
Gegengleich zum ersten Bein arbeiten, indem einfach li und re M vertauscht werden.

SOHLEN
Hinterpfoten (2x arbeiten)
4 M mit Fb A und doppeltem Faden anschl. Glatt li str. wie folgt (1. R = Hin-R li): Am Beginn und am Ende der 2. und 3. R jeweils 1 M zun. (= 8 M). 6 R glatt li str. Am Beginn und am Ende der 11. und 13. R jeweils 1 M abn. (= 4 M). **14. Reihe:** Re M str. Alle M abk.

Vorderpfoten (2x arbeiten)
3 M mit Fb A und doppeltem Faden anschl.
Glatt li str. wie folgt (1. R = Hin-R li):
2. Reihe: Re M str.
Am Beginn und am Ende der 3. und 5. R jeweils 1 M zun. (= 7 M). 7 R glatt li str. (6. R = Rück-R re); dabei am Beginn und am Ende der 9. und 11. R jeweils 1 M abn. (= 7 M). Alle M abk.

UNTERSEITE
3 M mit Fb B anschl. und glatt li str. wie folgt:

1. Reihe (Hin-R): Li M str.
2. Reihe: Re M str.
3. – 12. Reihe: Glatt li str. (3. R = Hin-R li), dabei in der 3., 6. und 9. R beidseitig jeweils 1 M zun. (= 9 M).
Beginn und Ende der 11. R mit kontrastfarbenen Fäden markieren.

Hinterbeine
13. – 20. Reihe: Glatt li str. (13. R = Hin-R li), dabei in der 14., 16. und 20. R beidseitig je 1 M abn. (= 3 M).
21. – 33. Reihe: Glatt li str. (21. R = Hin-R li).
34. – 41. Reihe: Glatt li str., dabei in der 34., 38., 40. und 41. R beidseitig je 1 M zun. (= 11 M). Beginn und Ende der 41. R markieren.

Bauch
42. – 53. Reihe: Glatt li str.
Beginn und Ende der 53. R markieren.

Vorderbeine
54. – 60. Reihe: Glatt li str., dabei in der 54., 55., 57. und 60. R beidseitig je 1 M abn. (= 3 M).
61. – 67. Reihe: Glatt li str. (61. R = Hin-R li).
68. – 75. Reihe: Glatt li str., dabei in der 68., 71. und 73. R beidseitig je 1 M zun. (= 9 M). Beginn und Ende der 75. R markieren.

Vorderer Zwickel
76. – 81. Reihe: Glatt li str. (76. R = Rück-R re).
82. – 88. Reihe: Glatt li str., dabei in der 82. und 88. R beidseitig je 1 M abn. (= 5 M).
89. – 93. Reihe: Glatt li str. (89. R = Hin-R li). Alle M abk.

KOPF
Erste Seite
10 M mit Fb A anschl. und 10 R glatt li str. (1. R = Hin-R li).
11. Reihe: 4 M anschl., li M str. bis RE.
12. Reihe: Re M str.
13. – 16. Reihe: 11. und 12. R 2x wdh. (= 22 M).

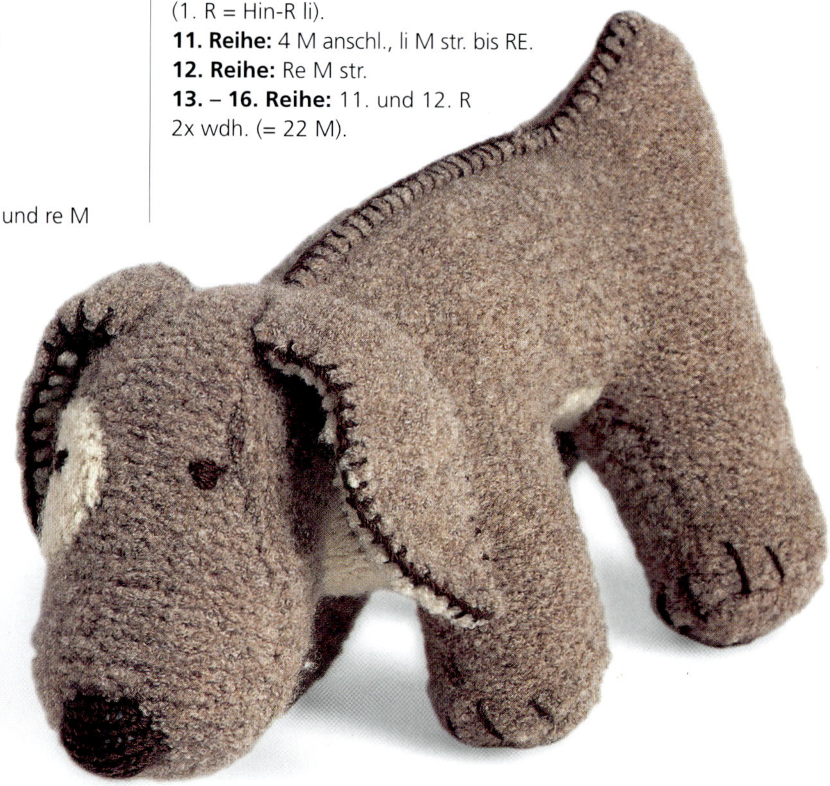

Das Ende der 16. R mit einem kontrastfarbenen Faden markieren.
17. Reihe: Li M str.
18. Reihe: Re M str.
19. Reihe: 7 M abk., li M str. bis RE.
20. Reihe: Re M str.
21. und 22. Reihe: Wie 19. und 20. R str. (= 8 M).
Alle M abk.

Zweite Seite
Gegengleich zur ersten Seite arbeiten, indem einfach li und re M vertauscht werden.

Oberer Zwickel
6 M mit Fb A anschl. und 8 R glatt li str. (1. R = Hin-R li).
9. – 22. Reihe: Glatt li str., dabei in der 9. und 17. R beidseitig je 1 M zun. (= 10 M). Beginn und Ende der 22. R markieren.
23. – 26. Reihe: Glatt li str. (23. R = Hin-R li).
27. – 32. Reihe: Glatt li str. (27. R = Hin-R li), dabei in der 27. und 31. R je 1 M zun. (= 18 M).
33. – 48. Reihe: Glatt li str. (33. R = Hin-R li).
49. und 50. Reihe: Glatt li str. (49. R = Hin-R li), dabei in beiden R beidseitig je 1 M abn. (= 14 M).
51. Reihe (Hin-R): [2 M li zus-str., 2 M li] 3x, 2 M li zus-str. (= 10 M).
52. Reihe: [2 M re zus-str.] 2x, 2 M re, [2 M re zus-str.] 2x (= 6 M).
Alle M abk., dabei die mittleren beiden M zus-str.

Kinnzwickel
7 M mit Fb A anschl. und 12 R glatt li str. (1. R = Hin-R li).
13. – 17. Reihe: Glatt li str., dabei in der 13. und 17. R beidseitig je 1 M zun. (= 11 M).
18. – 32. Reihe: Glatt li str. (18. R = Rück-R re).
Beginn und Ende der 32. R markieren.
33. – 36. Reihe: Glatt li str. (33. R = Hin-R li), dabei in der 33. – 35. R beidseitig je 1 M abn. (= 5 M). Alle M abk.

OHREN
Oberseiten (2x arbeiten)
8 M mit Fb A anschl. und 8 R glatt li str. (1. R = Hin-R li).
9. – 13. Reihe: Glatt li str. (9. R = Hin-R li), dabei in der 9. und 13. R beidseitig je 1 M zun. (= 12 M).
14. – 26. Reihe: Glatt li str. (14. R = Rück-R re).
27. – 32. Reihe: Glatt li str. (27. R = Hin-R li), dabei in der 27. und 31. R beidseitig je 1 M abn. (= 8 M).
33. und 34. Reihe: Glatt li str. (33. R = Hin-R li), dabei in beiden R beidseitig je 1 M abn. (= 4 M). Alle M abk.

Unterseiten (2x arbeiten)
In Fb B str. wie die Oberseiten.

NASE
5 M mit Fb C anschl. und glatt re str.
1. – 3. Reihe: Glatt re str. (1. R = Hin-R re), dabei in der 2. und 3. R beidseitig je 1 M zun. (= 9 M).
4. – 10. Reihe: Glatt re str. (4. R = Rück-R li).
11. – 13. Reihe: Glatt re str. (11. R = Hin-R re), dabei in der 11. und 12. R beidseitig je 1 M abn. (= 5 M). Alle M abk.

AUGENFLECK
5 M mit Fb B anschl. und glatt li str.
1. Reihe: Li M str.
2. – 4. Reihe: Glatt li str., dabei in der 2. und 4. R beidseitig je 1 M zun. (= 9 M).
5. – 10. Reihe: Glatt li str. (5. R = Hin-R li).
11. Reihe: 2 M li zus-str., li M str. bis RE.
12. Reihe: 2 M re zus-str., re M str. bis zu den letzten beiden M; enden mit 2 M re zus-str.
13. und 14. Reihe: Wie 11. und 12. R str. (= 3 M).
15. Reihe: Li M str. Alle M abk.

FERTIGSTELLUNG
Die Innenseiten der Beine so mit den Seitenteilen der Beine verbinden, dass die Oberkanten mit den Markierungen übereinstimmen. Die Anschlagränder bleiben offen. Dort Sohlen einnähen. Obere Längsnaht vom vorderen Ende bis zur Schwanzspitze schließen, sodass die Nahtzugabe auf der rechten Seite zu sehen ist. Naht mit Schlingstichen in Fb C umsticken (siehe Seite 19). Hintere Naht von der Schwanzspitze bis zur ersten Markierung schließen. Unterseite so einnähen, dass die Anschlagkante auf die Unterkante der hinteren Naht, der Abkettrand auf die Markierungen an der Vorderkante und die übrigen Markierungen jeweils auf ihr Gegenstück treffen. Kinnzwickel vom Anschlagrand bis zu den Markierungen an die Seiten des Kopfes nähen. Oberen Zwickel mit den Seiten des Kopfes und dem Kinnzwickel verbinden, wobei die Reihen-Enden des Zwickels vom Anschlagrand bis zur Markierung an die gerade Kante der Kopfseiten genäht werden. Kopf und Körper ausstopfen und Kopf an den Körper nähen. Für die Ohren jeweils ein Ober- und ein Unterteil mit Schlingstichen in Fb C verbinden; Anschlagrand offen lassen. Ohren mit dem Anschlagrand an die Oberseite des Kopfes nähen. Augenfleck aufnähen. Nase mit Vorstichen umsticken und einreihen. Etwas Füllwatte hineinschieben und Nase annähen. Augen und Krallen in Fb C aufsticken.

RINGELHUT UND TASCHE

JEDES KLEINE MÄDCHEN WIRD DIESE KOMBINATION LIEBEN.

MATERIAL

Je 50 g *Jaeger Pure Cotton* (LL 112 m/50 g) in Dunkelrosa (Fb A), Blau (Fb B), Hellblau (Fb C), Ecru (Fb D), Hellrosa (Fb E) und Rosa (Fb F)
Stricknadeln Nr. 2,5 und 3

STRICKMUSTER
Glatt rechts: Hin-R re M, Rück-R li M.
Kraus rechts: In Hin- und Rück-R re M str.

MASCHENPROBE
25 M/34 R mit Nd Nr. 3 glatt re gestr. = 10 x 10 cm

MASSE
Der Hut passt Babys zwischen 6 und 12 Monaten.

Hinweis: Nähere Angaben zum verwendeten Garn finden Sie auf Seite 21. Abkürzungen siehe Seite 20.

TASCHE

76 Maschen mit Nd Nr. 3 und Fb A anschl. und glatt re im Ringelmuster str. wie folgt:
1. – 3. Reihe: Fb A.
4. und 5. Reihe: Fb B.
6. Reihe: Fb C.
7. Reihe: Fb D.
8. und 9. Reihe: Fb E.
10. und 11. Reihe: Fb A.
12. und 13. Reihe: Fb F.
14. Reihe: Fb B.
15. und 16. Reihe: Fb A.
17. Reihe: Fb C.
18. Reihe: Fb D.
19. und 20. Reihe: Fb B.
21. Reihe: Fb F.
22. Reihe: Fb A.
23. und 24. Reihe: Fb E.
25. Reihe: Fb C.
26. und 27. Reihe: Fb D.
28. und 29. Reihe: Fb A.
30. – 32. Reihe: Fb E.

Diese 32 Reihen legen die Streifenfolge fest.
Glatt re in der Streifenfolge str., bis eine Gesamthöhe von 19 cm erreicht ist.
Alle M abk.
Strickstück zur Hälfte zusammenlegen und an Seiten- und Unterkante zusammennähen. Die obersten 8 R zur Innenseite einfalten und mit unsichtbaren Stichen annähen.

BAND
4 M mit Nd Nr. 2,5 und Fb A anschl. und kraus re str., bis das Band eine Länge von 50 cm hat.
Alle M abk.

FERTIGSTELLUNG
Die Band-Enden an der Oberkante im Inneren der Tasche festnähen. Eine 70 cm lange Kordel in Fb A und 2 Quasten anfertigen. Die Kordel durch den Tunnel an der Oberkante der Tasche ziehen und beide Enden unter einem Ende des Bandes wieder herausführen. Quasten an die Kordel-Enden nähen.

HUT

109 M mit Nd Nr. 3 und Fb A anschl. und glatt re in der gleichen Streifenfolge wie bei der Tasche str., bis eine Gesamthöhe von 11 cm erreicht ist (1. R = Hin-R re; letzte R = Rück-R).

Hutkopf

Glatt re in der Streifenfolge weiterstr. wie folgt:

1. Reihe (Hin-R): 1 M re, [2 M re zus-str., 10 M re] bis RE (= 100 M).

2. Reihe und alle folgenden Rückreihen: Li M str.

3. Reihe: 1 M re, [2 M re zus-str., 9 M re] bis RE (= 91 M).

5. Reihe: 1 M re, [2 M re zus-str., 8 M re] bis RE (= 82 M).

7. Reihe: 1 M re, [2 M re zus-str., 7 M re] bis RE (= 73 M).

9. Reihe: 1 M re, [2 M re zus-str., 6 M re] bis RE (= 64 M).

11. Reihe: 1 M re, [2 M re zus-str., 5 M re] bis RE (= 55 M).

13. Reihe: 1 M re, [2 M re zus-str., 4 M re] bis RE (= 46 M).

15. Reihe: 1 M re, [2 M re zus-str., 3 M re] bis RE (= 37 M).

17. Reihe: 1 M re, [2 M re zus-str., 2 M re] bis RE (= 28 M).

19. Reihe: 1 M re, [2 M re zus-str., 1 M re] bis RE (= 19 M).

21. Reihe: 1 M re, [2 M re zus-str.] bis RE (= 10 M).
Faden abbrechen, durch die verbleibenden 10 M führen, fest anziehen und gut vernähen.

Krempe
Mit Nd Nr. 3 und Fb A gleichmäßig verteilt 113 M aus dem Anschlagrand des ersten Teils aufnehmen und re str.
Glatt re in umgekehrter Streifenfolge weiterstr. wie folgt:
1. Reihe (Rück-R): Li M str.
2. Reihe (Hin-R): 1 M re, [1 M zun., 8 M re] 14x (= 127 M).
3. und 4. Reihe: Glatt re str.
5. Reihe: [9 M li, 1 M zun.] 14x, 1 M li (= 141 M).
6. und 7. Reihe: Glatt re str.
8. Reihe: 1 M re, [1 M zun., 10 M re] 14x (= 155 M).
9. und 10. Reihe: Glatt re str.
11. Reihe: [11 M li, 1 M zun.] 14x (= 169 M).
12. Reihe: Re M str.
Alle M locker abk.

BABYDECKE

EINE ZAUBERHAFTE, SCHLICHTE DECKE IM SHAKER-STIL.

DECKE

Mit Nd Nr. 4 und Fb A 111 M anschl. und nach den Zählmustern (Seite 119) str.

1. Reihe (Hin-R): 1 M re, über die nächsten 25 M die 1. R des Sternmotivs str., 3 M re, über die folgenden 25 M die 1. R des Rautenmotivs str., 3 M re, über die folgenden 25 M die 1. R des Hausmotivs str., 3 M re, über die folgenden 25 M die 1. R des Herzmotivs str., 1 M re.

2. Reihe: 1 M li, 25 M Herzmotiv, 3 M re, 25 M Hausmotiv, 3 M re, 25 M Rautenmotiv, 3 M re, 25 M Sternmotiv, 1 M li.

Die beiden letzten R teilen die einzelnen Motive ein, die jeweils durch 3 M kraus re voneinander getrennt werden. Die Rand-M jeweils glatt re str. Weiterstr., bis die 36 R der Zählmuster beendet sind Danach 4 R kraus re str.

41. Reihe (Hin-R): 1 M re, 25 M Herzmotiv, 3 M re, 25 M Sternmotiv, 3 M re, 25 M Rautenmotiv, 3 M re, 25 M Hausmotiv, 1 M re.

MATERIAL

Rowan Handknit DK Cotton (LL 85 m/50 g) in folgenden Mengen und Farben: 400 g in Wollweiß (Fb A), 50 g in Hellblau (Fb B); Stricknadeln Nr. 3 – 3,5 und 4

STRICKMUSTER

Glatt rechts: Hin-R re M, Rück-R li M. **Intarsientechnik:** Das mehrfarbige Muster wird in Intarsientechnik gestrickt. Bei jedem Farbwechsel werden die Fäden auf der Rückseite miteinander verkreuzt, damit keine Löcher entstehen (siehe S. 36).

Kraus rechts: In Hin- und Rück-R re M str.

Noppen: Aus der nächsten M je 1 M re, 1 U, 1 M re str.; Arbeit wenden, 3 M re; Arbeit wenden, 3 M li; Arbeit wenden, 3 M re; Arbeit wenden, 1 M abh., 2 M re zus-str., die abgeh. M über die re gestr. M heben.

MASCHENPROBE

22 M/30 R mit Nd Nr. 4 im Muster gestr. = 10 x 10 cm

MASSE

Die Decke ist 72 cm breit und 90 cm lang.

Hinweis: Nähere Angaben zum verwendeten Garn finden Sie auf Seite 21. Abkürzungen siehe Seite 20.

42. Reihe: 1 M li, 25 M Hausmotiv, 3 M re, 25 M Rautenmotiv, 3 M re, 25 M Sternmotiv, 3 M re, 25 M Herzmotiv, 1 M li.
Weiterstr., bis die 36 R der Zählmuster beendet sind.
Danach 4 R kraus re str.
81. Reihe (Hin-R): 1 M re, 25 M Hausmotiv, 3 M re, 25 M Herzmotiv, 3 M re, 25 M Sternmotiv, 3 M re, 25 M Rautenmotiv, 1 M re.
82. Reihe: 1 M li, 25 M Rautenmotiv, 3 M re, 25 M Sternmotiv, 3 M re, 25 M Herzmotiv, 3 M re, 25 M Hausmotiv, 1 M li.
Weiterstr., bis die 36 R der Zählmuster beendet sind.
Danach 4 R kraus re str.
121. Reihe (Hin-R): 1 M re, 25 M Rautenmotiv, 3 M re, 25 M Hausmotiv, 3 M re, 25 M Herzmotiv, 3 M re, 25 M Sternmotiv, 1 M re.
122. Reihe: 1 M li, 25 M Sternmotiv, 3 M re, 25 M Herzmotiv, 3 M re, 25 M Hausmotiv, 3 M re, 25 M Rautenmotiv, 1 M li.
Weiterstr., bis die 36 R der Zählmuster beendet sind.
Danach 4 R kraus re str.
161. Reihe (Hin-R): 1 M re, 25 M Sternmotiv, 3 M re, 25 M Rautenmotiv, 3 M re, 25 M Hausmotiv, 3 M re, 25 M Herzmotiv, 1 M re.
162. Reihe: 1 M li, 25 M Herzmotiv, 3 M re, 25 M Hausmotiv, 3 M re, 25 M Rautenmotiv, 3 M re, 25 M Sternmotiv, 1 M li.
Weiterstr., bis die 36 R der Motive beendet sind.
Alle M abk.

UMRANDUNG
9 M mit Fb A und Nd Nr. 3 – 3,5 anschl.
1. Reihe (Hin-R) und jede weitere Hin-R: Alle M re str.
2. Reihe: 3 M re, 2 M re zus-str., 1 U, 2 M re zus-str., [1 U, 1 M re] 2x (= 10 M).
4. Reihe: 2 M re, [2 M re zus-str., 1 U] 2x, 3 M re, 1 U, 1 M re (= 11 M).
6. Reihe: 1 M re, [2 M re zus-str., 1 U] 2x, 5 M re, 1 U, 1 M re (= 12 M).
8. Reihe: 3 M re, [1 U, 2 M re zus-str.] 2x, 1 M re, 2 M re zus-str., 1 U, 2 M re zus-str. (= 11 M).
10. Reihe: 4 M re, 1 U, 2 M re zus-str., 1 U, 3 M re zus-str., 1 U, 2 M re zus-str. (= 10 M).
12. Reihe: 5 M re, 1 U, 3 M re zus-str., 1 U, 2 M re zus-str. = 9 M.
Diese 12 R ergeben einen Musterrapport, der fortlaufend wiederholt wird, bis die Blende den gleichen Umfang hat wie die Decke, enden mit der 12. R des Rapportes. Alle M abk.
Anfang und Ende der Blende verbinden. Die Blende an den äußeren Kanten der Decke festnähen, dabei an den Ecken etwas einhalten.

ZÄHLMUSTER „STERN“

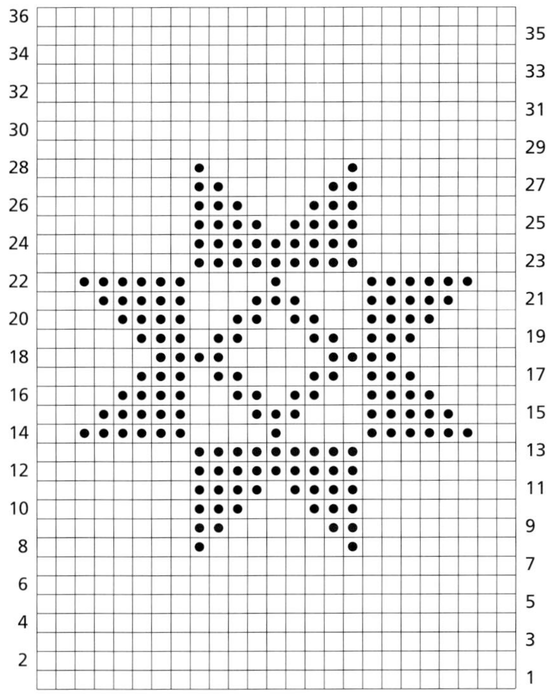

ZÄHLMUSTER „RAUTE“

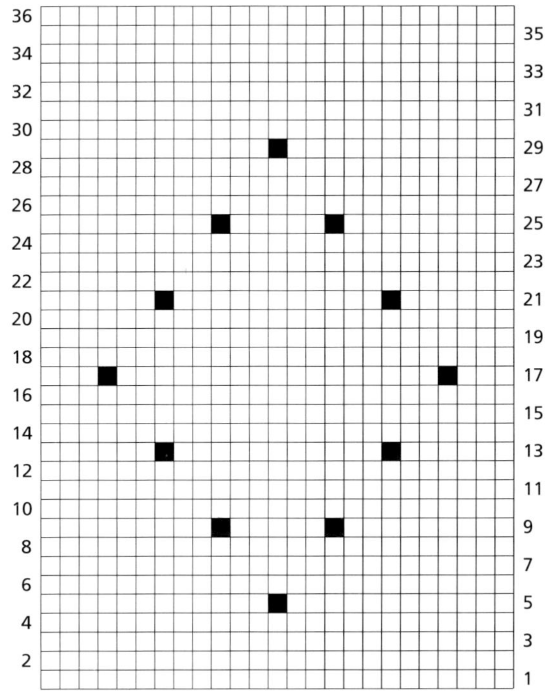

ZÄHLMUSTER „HAUS“

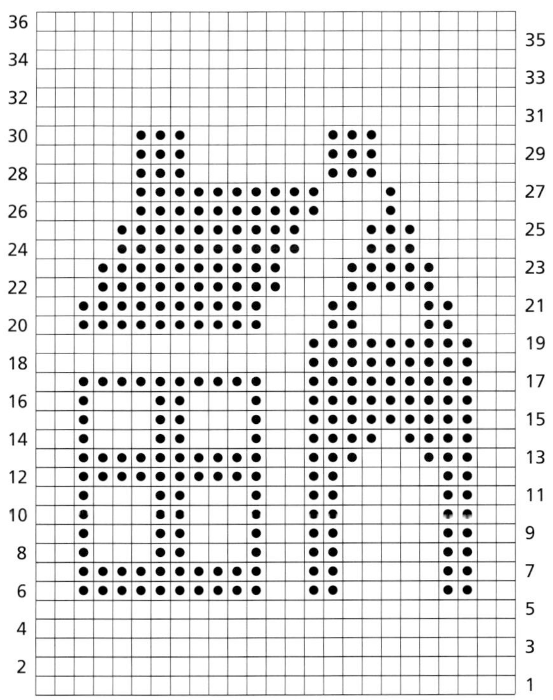

ZÄHLMUSTER „HERZ“

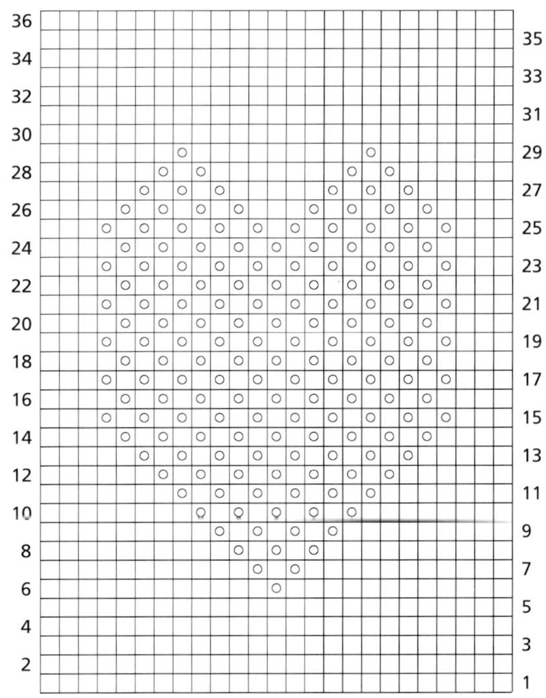

ZÄHLMUSTER

□ = Mit Fb A in der Hin-R re M und in der Rück-R li M str.
⊙ = Mit Fb A li M in der Hin-R und re M in der Rück-R str.
■ = Mit Fb A eine Noppe str.
● = Mit Fb B re M in der Hin-R und li M in der Rück-R str.

HASENFAMILIE

VORSICHT! DAS STRICKEN DIESER HASEN MACHT SÜCHTIG. WER EINE GANZE FAMILIE ANFERTIGEN MÖCHTE, BRAUCHT EIN BISSCHEN ZEIT, DOCH DIE BEGEISTERUNG DER KINDER ENTSCHÄDIGT FÜR DEN AUFWAND.

MATERIAL

50/100/200 g *Rowan Wool Cotton* (LL 113 m/50 g) in Wollweiß (Fb A)
Je 50 g *Rowan True 4 ply Botany* (LL 170 m/50 g) in Beige (Fb B), Dunkelgrau (Fb C) sowie als Fb D Lila für das Baby, Blau für das Kind, Rot für die Mutter und Grün für den Vater
50 g *Rowan Felted Tweed* (LL 175 m/50 g) in Grau (Fb E)
Stricknadeln Nr. 3; 3,5 und 4
Garnreste in Schwarz, Pink und Braun für die Stickerei
Sticknadel Nr. 18 ohne Spitze
Weißes Nähgarn und weißer Nagellack (nach Belieben) für die Schnurrbarthaare; Gummiband, 5 mm breit
Kunstfaserfüllwatte (waschbar)

STRICKMUSTER
Glatt rechts: Hin-R re M, Rück-R li M.
Perlmuster: 1 M re, 1 M li im Wechsel str.; in der Rück-R die M str. wie in der Hin-R (= re M auch in der Rück-R re str., li M wieder li str.)

MASCHENPROBEN
Wool Cotton: 28 M/46 R mit Nd Nr. 3 im Perlmuster gestr. = 10 x 10 cm
True 4 ply Botany: 28 M/36 R mit Nd Nr. 3,5 glatt re gestr. = 10 x 10 cm
Felted Tweed: 24 M/32 R mit Nd Nr. 4 glatt re gestr. = 10 x 10 cm

MASSE
Die Hasen sind etwa 14 (Baby), 25 (Kind) und 38 cm (Eltern) groß.

Hinweis: Nähere Angaben zum verwendeten Garn finden Sie auf Seite 21. Abkürzungen siehe Seite 20.

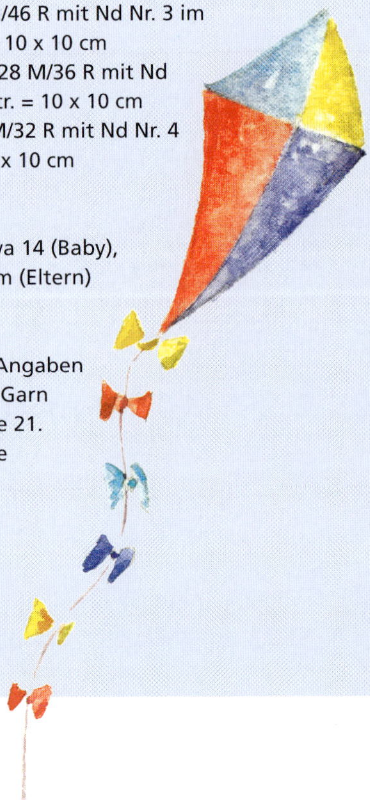

HASENBABY

BEINE (4x arbeiten)
7 M mit Fb A und Nd Nr. 3 anschl.
1. Reihe (Hin-R): 1 M re, [1 M li, 1 M re] wdh. bis RE.
Diese R teilt das Perlmuster ein und wird fortlaufend wdh. Am Ende der nächsten R 1 M zun., danach am Beginn der folgenden R 1 M zun. (= 9 M).
Danach 1 R str.
Am Ende der nächsten R 1 M abn. (= 8 M).
Am Beginn der folgenden R 3 M für das Fußoberteil abk. (= 5 M).
Weitere 2 R str.
In der nächsten R und in der folgenden 3. R beidseitig je 1 M zun. (= 9 M).
Danach 6 R str.
In der nächsten R und in der folgenden 2. R beidseitig je 1 M abn. (= 5 M).
In der nächsten R beidseitig je 1 M abn. (= 3 M).
Noch 1 R str., danach alle M abk.

SOHLEN
(2x arbeiten)
3 M mit Fb B und Nd Nr. 3 anschl. Mit einer Hin-R beg. und fortlaufend glatt re str. wie folgt:

1 R str. In der nächsten R beidseitig je 1 M zun. (= 5 M).
Danach 5 R glatt re str.
In der nächsten R beidseitig je 1 M abn. (= 3 M).
Noch 1 R str., danach alle M abk.

ARME
(4x arbeiten)
3 M mit Fb A und Nd Nr. 3 anschl. und fortlaufend im Perlmuster str. wie folgt:
1 R str. Am Ende der nächsten R 1 M zun. und am selben Rand in den nächsten beiden R je 1 M zun. (= 6 M).
Danach 1 R str.
Am Ende der nächsten R 1 M zun. (= 7 M).
Noch 1 R str.
Am Beginn der folgenden R 1 M abn. und am Ende derselben R 1 M zun. (= 7 M).
Danach 1 R str.
Am Ende der nächsten R 1 M zun. (= 8 M).
Noch 1 R str.
Am Beginn der nächsten R 1 M abn. (= 7 M).
Am Beginn der folgenden R 1 M zun. (= 8 M).
Weitere 5 R str.
In der nächsten R und in der folgenden 2. R beidseitig je 1 M abn. (= 4 M). In der nächsten R beidseitig je 1 M abn. (= 2 M).
Noch 1 R str., danach die M abk.

PFOTEN
(2x arbeiten)
3 M mit Fb B und Nd Nr. 3 anschl. und fortlaufend glatt re str.
1. Reihe: Re M str.
In der nächsten R beidseitig je 1 M zun. (= 5 M).
Danach 3 R glatt re str.
In der nächsten R beidseitig je 1 M abn. (= 3 M).
Noch 1 R str., danach die M abk.

KÖRPER
(2x arbeiten)
3 M mit Fb A und Nd Nr. 3 anschl. und fortlaufend im Perlmuster str. wie folgt:
1 R str. In den nächsten beiden R beidseitig je 1 M zun., danach 2x in jeder folgenden 2. R beidseitig je 1 M zun. (= 11 M).
Weitere 9 R str.
In der nächsten R und in der folgenden 4. R beidseitig je 1 M abn. (= 7 M). Weitere 4 R str., danach die M abk.

SEITLICHES KOPFTEIL
(2x arbeiten)
3 M mit Fb A und Nd Nr. 3 anschl. und fortlaufend im Perlmuster str. wie folgt:
1 R str. In der nächsten R beidseitig je 1 M zun., danach am Ende der folgenden R 1 M zun. (= 6 M).

In der nächsten R beidseitig je 1 M zun. (= 8 M).
Danach 1 R str.
Am Beginn der nächsten R und der folgenden 2. R je 1 M zun. (= 10 M)
Danach 2 R str. Das Ende der letzten R markieren.
Am Beginn der nächsten R und der folgenden 2. R je 1 M abn. (= 8 M).
Am Beginn der folgenden 3 R je 1 M abn. (= 5 M).
In der nächsten R beidseitig je 1 M abn. (= 3 M).
Noch 1 R str., danach die M abk.

KOPFZWICKEL
3 M mit Fb A und Nd Nr. 3 anschl. und fortlaufend im Perlmuster str. wie folgt:
2 R str. In der nächsten R und in der folgenden 4. R beidseitig je 1 M zun. (= 7 M).
Weitere 17 R str.
In der nächsten R und in der folgenden 3. R beidseitig je 1 M abn. (= 3 M).
Noch 2 R str., danach die M abk.

OHREN
Oberseite (2x arbeiten)
5 M mit Fb A und Nd Nr. 3 anschl. und fortlaufend im Perlmuster str. wie folgt:
4 R str. In der nächsten R und in der folgenden 4. R beidseitig je 1 M zun. (= 9 M).
Weitere 13 R str.
In der nächsten R und 2x in jeder folgenden 2. R beidseitig je 1 M abn. (= 3 M).
Noch 1 R str., danach die 3 M zus-str., Faden abbrechen.

Unterseite (2x arbeiten)
5 M mit Fb B und Nd Nr. 3 anschl. und fortlaufend glatt re str.
Mit einer Hin-R beg. und 4 R str.
In der nächsten R und in der folgenden 4. R beidseitig je 1 M zun. (= 9 M).
Weitere 13 R glatt re str.
In der nächsten R und 2x in jeder folgenden 2. R beidseitig je 1 M abn. (= 3 M).
Noch 1 R str., danach die 3 M zus-str., Faden abbrechen.

HASENKIND

BEINE (4x arbeiten)
13 M mit Fb A und Nd Nr. 3 anschl.
1. Reihe (Hin-R): 1 M re, [1 M li, 1 M re] wdh. bis RE.
Diese R teilt das Perlmuster ein und wird fortlaufend wdh.
Am Ende der nächsten R und am selben Rand in der folgenden R je 1 M zun. (= 15 M).
Weitere 4 R str.
Am Beginn der nächsten R und der folgenden 2. R je 1 M abn. (= 13 M). Danach 1 R str.
Am Beginn der nächsten R 5 M für das Fußoberteil abk. (= 8 M).
Weitere 3 R str.
In der nächsten R und in jeder folgenden 4. R beidseitig je 1 M zun., bis 14 M erreicht sind.
Weitere 10 R str.
In der nächsten R und 2x in jeder folgenden 2. R beidseitig je 1 M abn. (= 8 M). In den nächsten beiden R beidseitig je 1 M abk. (= 4 M).
Noch 1 R str., danach die M abk.

SOHLEN (2x arbeiten)
2 M mit doppeltem Faden in Fb B und Nd Nr. 3 anschl. und glatt re str.
1. Reihe (Hin-R): Re M str.
In den nächsten beiden R beidseitig je 1 M zun. (= 6 M).
Weitere 11 R glatt re str.
In der nächsten R und in der folgenden 2. R beidseitig je 1 M abn. (= 2 M).
Noch 1 R str., danach die M abk.

ARME (4x arbeiten)
5 M mit Fb A und Nd Nr. 3 anschl. und fortlaufend im Perlmuster str. wie folgt:
1 R str. Am Ende der nächsten R und am selben Rand in den folgenden 3 R je 1 M zun. (= 9 M).
Danach 1 R str.
Am Beginn der nächsten R und der folgenden 2. R je 1 M zun. (= 11 M).
*Danach 1 R str.
Am Beginn der nächsten R 1 M zun. und am Ende derselben R 1 M abn.
Wieder 1 R str.
Am Beginn der nächsten R 1 M zun.*
Von * bis * noch 1x wdh. (= 13 M).
Weitere 3 R str.
Am Beginn der nächsten R 1 M zun. (= 14 M).
Weitere 13 R str. In der nächsten R und 2x in jeder folgenden 2. R beidseitig je 1 M abn. (= 8 M).
In den nächsten beiden R beidseitig je 1 M abn. (= 4 M).
Noch 1 R str., danach die M abk.

PFOTEN (2x arbeiten)
2 M mit doppeltem Faden in Fb B und Nd Nr. 3 anschl. und glatt re str.
1. Reihe (Hin-R): Re M str.
In den nächsten beiden R beidseitig je 1 M zun. (= 6 M).
Danach 5 R glatt re str.
In den nächsten beiden R beidseitig je 1 M abn. (= 2 M).
Noch 1 R str., danach die M abk.

KÖRPER
(2x arbeiten)
9 M mit Fb A und Nd Nr. 3 anschl. und fortlaufend im Perlmuster str.:
1 R str. In den nächsten beiden R beidseitig je 1 M zun., danach in der folgenden 2. R und in der folgenden 4. R beidseitig je 1 M zun. (= 17 M).
Weitere 15 R str. In der nächsten R beidseitig je 1 M abn., danach in der folgenden 6. R und in der folgenden 4. R beidseitig je 1 M abn. (= 11 M).
Weitere 9 R str., danach die M abk.

SEITLICHES KOPFTEIL
(2x arbeiten)
5 M mit Fb A und Nd Nr. 3 anschl. und fortlaufend im Perlmuster str.
Am Beginn der 1. R 1 M zun. (= 6 M).
In der nächsten R beidseitig je 1 M zun., danach am Ende der nächsten 4 R je 1 M zun. (= 12 M).
Danach 1 R str.
Am Ende der nächsten 3 R je 1 M zun. (= 15 M).
Noch 1 R str.
Am Ende der nächsten R und am Ende der folgenden 2. R je 1 M zun. (= 17 M).
Danach 2 R str.
Das Ende der letzten R markieren.
Noch 1 R str.
Am Ende der nächsten R und am Ende der folgenden 2. R je 1 M abn. (= 15 M).
Am Ende der nächsten beiden R je 1 M abn. (= 13 M).

Danach 1 R str.
Am Ende der nächsten 4 R je 1 M abn. (= 9 M).
In der nächsten R beidseitig je 1 M abn. (= 7 M).
Am Ende der nächsten R 1 M abn. (= 6 M).
Noch 1 R str., danach die M abk.

KOPFZWICKEL
3 M mit Fb A und Nd Nr. 3 anschl. und im Perlmuster str. wie folgt:
1 R str. In der nächsten R und in der folgenden 4. R beidseitig je 1 M zun. (= 7 M).
Weitere 35 R str.
In der nächsten R und in der folgenden 6. R beidseitig je 1 M abn. (3 M).
Danach 5 R str. Die M abk.

OHREN
Oberseiten (2x arbeiten)
9 M mit Fb A und Nd Nr. 3 anschl. und im Perlmuster str. wie folgt:
4 R str. In der nächsten R und in der folgenden 4. R beidseitig je 1 M zun. (= 15 M).
Danach 27 R str.
In der nächsten R und in jeder folgenden 2. R beidseitig je 1 M abk., bis 3 M übrig sind.
Noch 1 R str., die 3 M zus-str., den Faden abbrechen.

Unterseiten (2x arbeiten)
6 M mit doppeltem Faden in Fb B und Nd Nr. 3 anschl. und fortlaufend glatt re str. wie folgt:
4 R str. In der nächsten R und in jeder folgenden 4. R beidseitig je 1 M zun., bis 12 M erreicht sind.
Danach 21 R str.
In der nächsten R und in jeder folgenden 2. R beidseitig je 1 M abn., bis 2 M übrig sind.
Noch 1 R str., danach 2 M zus-str. und Faden abbrechen.

GROSSER HASE

BEINE (4x arbeiten)
25 M mit Fb A und Nd Nr. 3 anschl.
1. Reihe (Hin-R): 1 M re, [1 M li, 1 M re], wdh. bis RE.
Diese R teilt das Perlmuster ein, das fortlaufend wdh. wird.
Am Ende der nächsten R und am selben Rand in der folgenden R je 1 M zun. (= 28 M).
Danach 10 R str.
Am Ende der nächsten R und 2x am Ende jeder folgenden 2. R je 1 M abn. (= 25 M).
Weitere 2 R str.
Am Beginn der nächsten R für das Fußoberteil 9 M abk. (= 16 M).
Weitere 8 R str.
In der nächsten R beidseitig je 1 M zun., danach in der folgenden 4. R und in jeder folgenden 6. R beidseitig je 1 M zun., bis 24 M erreicht sind.
Danach 11 R str.
In der nächsten R beidseitig je 1 M abn., danach 1x in der folgenden 4. R und in jeder folgenden 2. R beidseitig je 1 M abn., bis 16 M übrig sind.
In den nächsten 3 R beidseitig je 1 M abn. (= 10 M).
Noch 1 R str., danach die M abk.

SOHLEN (2x arbeiten)
3 M mit doppeltem Faden in Fb B und Nd Nr. 3 anschl. und glatt re str.
1. Reihe (Hin-R): Re M str.
In den nächsten beiden R beidseitig je 1 M zun., danach in der folgenden 2. R beidseitig je 1 M zun. (= 9 M).
Weitere 19 R glatt re str.
In der nächsten R und in der folgenden 2. R beidseitig je 1 M abn.
In der nächsten R beidseitig je 1 M abn. (= 3 M).
Noch 1 R str., danach die M abk.

ARME (4x arbeiten)
7 M mit Fb A und Nd Nr. 3 anschl. und fortlaufend im Perlmuster str. wie folgt:
1 R str. Am Ende der nächsten R und am selben Rand in den nächsten 4 R je 1 M zun., danach 5x in jeder folgenden 2. R je 1 M zun. (= 17 M).
* Am Ende der nächsten R 1 M abn.
Am Ende der nächsten R und am Ende der folgenden 2. R je 1 M zun. *
Von * bis * noch 1x wdh. (= 19 M).
Am Ende der nächsten R 1 M abn.
Am Ende der folgenden R 1 M zun. (= 19 M).
Danach 4 R str.
Am Beginn der nächsten R 1 M zun. (= 20 M).
Weitere 27 R str.
In der nächsten R beidseitig je 1 M abn., danach 1x in der folgenden 4. R und 2x in jeder folgenden 2. R beidseitig je 1 M abn. (= 12 M).
In den nächsten 3 R beidseitig je 1 M abn. (= 6 M).
Noch 1 R str., danach die M abk.

PFOTEN (2x arbeiten)
4 M mit doppeltem Faden in Fb B und Nd Nr. 3 anschl. und glatt re str.
1. Reihe (Hin-R): Re M str.
In den nächsten beiden R beidseitig je 1 M zun., danach in der folgenden 2. R beidseitig je 1 M zun. (= 10 M).
Weitere 4 R glatt re str.
In der nächsten R beidseitig je 1 M abn., danach in der folgenden 2. R beidseitig je 1 M abn.
In der nächsten R beidseitig je 1 M abn. (= 4 M).
Noch 1 R str., danach die M abk.

KÖRPER (2x arbeiten)
13 M mit Fb A und Nd Nr. 3 anschl. und fortlaufend im Perlmuster str. wie folgt:
1 R str. In den nächsten 5 R beidseitig je 1 M zun., danach 2x in jeder folgenden 2. R beidseitig je 1 M zun. (= 27 M).
In jeder folgenden 4. R beidseitig je 1 M zun., bis 31 M erreicht sind.
Weitere 22 R str.
In der nächsten R und in jeder folgenden 6. R beidseitig je 1 M abn., bis 25 M übrig sind, danach noch 2x in jeder folgenden 4. R beidseitig je 1 M abn., bis 21 M übrig sind.
Weitere 14 R str., danach die M abk.

SEITLICHES KOPFTEIL (2x arbeiten)
9 M mit Fb A und Nd Nr. 3 anschl. und im Perlmuster str.
Am Beginn der 1. R 1 M zun. (= 10 M).
In der nächsten R beidseitig je 1 M zun, danach am Ende der folgenden R 1 M zun. (= 13 M).
In der nächsten R beidseitig je 1 M zun., danach am Beginn der folgenden 3 R je 1 M zun. (= 18 M).
In der nächsten R beidseitig je 1 M zun. (= 20 M).
Danach 1 R str.
Am Ende der nächsten R 1 M zun., danach am Beginn der folgenden 3 R je 1 M zun. (= 24 M).
Am Ende der nächsten R 1 M zun. (= 25 M).

Danach 1 R str.
Am Ende der nächsten R 1 M zun., danach am Beginn der folgenden R 1 M zun. (= 27 M).
Wieder 1 R str.
Am Beginn der nächsten R 1 M zun., danach am Ende der folgenden R 1 M zun. (= 29 R).
Noch 1 R str.
Am Ende der nächsten R 1 M zun. (= 30 M).
Weitere 2 R str. Das Ende der letzten R markieren.
Weitere 2 R str.
Am Beginn der nächsten R und am Beginn der folgenden 2. R je 1 M abn. (= 28 M).
Am Ende der nächsten R 1 M abn. (= 27 M).
Danach 1 R str.
Am Ende der nächsten R 1 M abn., danach am Beginn der folgenden R 1 M abn. (= 25 M).
Wieder 1 R str.
In der nächsten R beidseitig je 1 M abn. (= 23 M).
Danach am Ende der nächsten R und am Ende der folgenden 2. R je 1 M abn. (= 21 M).
In der nächsten R und in der folgenden 2. R beidseitig je 1 M abn. (= 17 M).
Am Ende der nächsten beiden R je 1 M abn., danach in den nächsten 2 R beidseitig je 1 M abn. (= 11 M). Die M abk.

KOPFZWICKEL
3 M mit Fb A und Nd Nr. 3 anschl. und im Perlmuster str. wie folgt:
2 R str. In der nächsten R beidseitig je 1 M zun., danach 2x in jeder folgenden 2. R beidseitig je 1 M zun. und 2x in jeder folgenden 4. R beidseitig je 1 M zun. (= 13 M).
Danach 43 R str.
In der nächsten R beidseitig je 1 M abn., danach 1x in der folgenden 8. R, 1x in der folgenden 6. R und 1x in der folgenden 4. R beidseitig je 1 M abn. (= 5 M).
Weitere 3 R str., danach die M abk.

OHREN
Oberseiten (2x arbeiten)
13 M in Fb A und Nd Nr. 3 anschl. und fortlaufend im Perlmuster str. wie folgt:

4 R str. In der nächsten R und in jeder folgenden 4. R beidseitig je 1 M zun., bis 21 M erreicht sind.
Weitere 47 R str.
In der nächsten R und in jeder folgenden 2. R beidseitig je 1 M abn., bis 3 M übrig sind.
Noch 1 R str., danach 3 M zus-str. und Faden abbrechen.

Unterseiten (2x arbeiten)
10 M mit doppeltem Faden in Fb B und Nd Nr. 3 anschl. und glatt re str.
1. – 4. Reihe: Glatt re str. (1. R = Hin-R re).
In der nächsten R und in jeder folgenden 4. R beidseitig je 1 M zun., bis 18 M erreicht sind. Weitere 35 R glatt re str.
In der nächsten R und in jeder folgenden 2. R beidseitig je 1 M abn., bis 2 M übrig sind.
Noch 1 R str., danach die 2 M zus-str. und Faden abbrechen.

FERTIGSTELLUNG (gilt für alle Hasen)
Alle Teile auf eine weiche Unterlage stecken, mit einem feuchten Tuch bedecken und trocknen lassen. Jeweils ein Paar Beine und Arme schließen, dabei eine Öffnung zum Füllen lassen. Arme und Beine mit Füllwatte füllen, die Öffnungen zunähen. Sohlen und Pfoten gemäß Abbildung einnähen.
Die Körperteile miteinander verbinden, dabei die Abkettkanten offen lassen. Den Körper füllen und die Öffnung schließen.
Die Kopfteile von der Anschlagkante bis zur markierten R schließen.
Den Kopfzwickel zwischen den Kopfteilen einsetzen, dafür die Abkettkante des Zwickels in Höhe der Anschlagkanten der seitlichen Kopfteile stecken; die Mitte des Zwickels stößt an die vordere Naht. Kopf mit Füllwatte ausstopfen. Einen Faden durch die Ränder der Öffnung ziehen, zusammenziehen und Faden sichern. Den Kopf am Körper befestigen.
Die Arme am Körper feststecken. Mit doppeltem Faden in Fb A die Arme am Körper befestigen, dabei mit einem langen Stich erst durch den einen Arm stechen, den Faden durch den Körper ziehen und danach durch den zweiten Arm stechen. Mit demselben Faden den Weg noch einmal zurückgehen, Faden vernähen. Die Beine auf die gleiche Weise befestigen. Jeweils eine Oberseite und eine Unterseite der Ohren miteinander verbinden, danach die Ohren mit der Anschlagkante am Kopf befestigen.
Mit schwarzem Garn die Augen und mit rosafarbenem die Nase aufsticken. Die Umrisse der Nase und den Mund in Braun aufsticken. Mit doppeltem Nähgarn die Barthaare anknoten und mit Nagellack versteifen. Mit Fb A einen kleinen Pompon anfertigen und als Schwanz aufnähen.

HASENKLEIDUNG

Die Angaben für die einzelnen Größen sind durch Schrägstriche voneinander getrennt; die erste Angabe bezieht sich auf die kleinste Größe. Steht nur eine Angabe, so gilt sie für alle Größen.

HOSE

Hosenbein (2x arbeiten)

7/12/20 M mit Fb C und Nd Nr. 3 – 3,5 anschl. und fortlaufend glatt re in folgender Streifenfolge str. (1. R = Hin-R re): 2 R in Fb C und 2 R in Fb D im Wechsel.

Nun 1 R str. Am Beginn der nächsten R 1 M zun. und am gleichen Rand in den nächsten 2/4/6 R je 1 M zun. (= 10/17/27 M).

Danach 1 R str.

Am Beginn der nächsten R 7/13/25 M anschl. (= 17/30/52 M).

Weitere 19/31/59 R str.

Am Beginn der nächsten R 7/13/25 M abk. (= 10/17/27 M).

Am Ende der nächsten R 1 M abn. und am selben Rand in den folgenden 2/4/6 R je 1 M abn. (= 7/12/20 M).

Die M abk.

Aus den unteren Beinkanten von der rechten Seite der Arbeit mit Fb C 19/32/54 M mit Nd Nr. 3 – 3,5 aufnehmen und re str. Noch 2 R re M str., danach die M abk.

Fertigstellung

Die vordere Mitte der Beinteile schließen. Aus dem Taillenrand von rechts mit Nd Nr. 3 –3,5 und Fb C 28/42/80 M aufnehmen und re str.

Nächste Reihe: [1 M re, 1 M li] wdh. bis RE.

Die letzte R noch 2/3/4x wdh.

Die M im Rippenmuster abk. Die hintere Naht schließen, für den Schwanz eine Öffnung lassen. Die Innenseiten der Beinteile schließen. Ein Gummiband, der Taille des Kaninchens entsprechend, zuschneiden, die Enden miteinander verbinden und das Band im Hexenstich an der Innenseite der Hose befestigen.

PULLOVER

Vorder- und Rückenteil

(2x arbeiten)

16/26/48 M in Fb E und Nd Nr. 3,5 – 4 anschl.

1. Reihe (Hin-R): [1 M re, 1M li] wdh. bis RE.

Diese R noch 1/2/3x wdh., dabei in der Mitte der letzten R 0/1/1 M zun. (= 16/27/49 M).

Mit einer Hin-R beginnen und fortlaufend im Grundmuster weitere 3/4/6 R str. Beginn und Ende der letzten R markieren.

Weitere 10/20/33 R str., enden mit einer Hin-R.

Danach noch 2 R re M str., die M abk.

Die Schulternähte soweit schließen, dass der Kopf noch durch den Halsausschnitt passt.

Ärmel

(2x arbeiten)

Für die Ärmel aus den seitlichen Kanten zwischen den markierten R von der rechten Seite der Arbeit mit Fb E und Nd Nr. 3,5 – 4 je 20/32/50 M aufnehmen und re str. Mit einer Rück-R beg. und fortlaufend glatt re weitere 1/3/7 R str. Für die Armschrägen in der nächsten R und in jeder folgenden 3./4./4. R beidseitig je 1 M abn., bis 16/26/42 M übrig sind.

Noch 1 R str.

Danach noch 2/3/4 R im Rippenmuster str., wie beim Vorder- und Rückenteil angegeben.

Alle M im Rippenmuster abk.

Seiten- und Ärmelnähte schließen.

DANK DER AUTORIN

Ich danke meiner Mutter Norah McTague dafür, dass sie mich vor vielen Jahren in einem Urlaub in Schottland dazu angeregt hat, meinen ersten Teddy-Pullover zu stricken. Dank geht auch an meine Schwester Moira McTague für ihre reizenden Illustrationen, aber auch für ihre fortwährende moralische und künstlerische Unterstützung. Aber auch Lucy und Molly, meinen Töchtern, danke ich vielmals für ihren Enthusiasmus.
Dank schulde ich dem Rowan-Team, allen voran Stephen Sheard, Kathleen Hargreaves, Elizabeth Armitage und Lyndsey Kaye für ihre Mitarbeit und für die prompten Garnlieferungen. Bedanken möchte ich mich auch bei Tina Egleton, die meine Hasenfamilie und den Hund zum Leben erweckt hat, bei Sue Whiting für die Kontrolle der Muster, bei John Freeman für seine Fotografie und bei Frances de Rees, der Grafikerin. Ich danke Audrey Athendon, Pat Church, Rae Fraser, Penny Hill, Francis Wallis und Linda Wood für ihre unschätzbare Hilfe.
Ein Dankeschön schließlich auch an Rosemary Wilkinson, die dieses Buch überhaupt erst möglich gemacht hat.

BEZUGSQUELLEN

Rowan- und Jaeger-Garne in Deutschland erhältlich über:
Wolle & Design
Wolfshovener Straße 76
52428 Jülich-Stetternich
Telefon 02461/54735
Fax 02461/4535
e-mail: info@wolleunddesign.de

Stricknadeln, Zubehör und Knöpfe erhalten Sie im Handarbeitsfachhandel. Die unten aufgeführten Hersteller nennen Ihnen Bezugsquellen in Ihrer Nähe. Bitte legen Sie Ihrer Anfrage einen frankierten Rückumschlag bei.

Stricknadeln und Zubehör
Rump & Prym GmbH & Co. KG
Rahmedestraße 33 – 45
58762 Altena

Gustav Selter GmbH & Co. KG
Hauptstraße 13 – 15
58762 Altena

Holz & Stein
Ursula Huppertz
Mauerstraße 2
47228 Duisburg
(Stricknadeln aus Holz)

Knöpfe
Knopffabrik Hans Dill KG
Beierfeld 5
95671 Bärnau

Walter Fellmann GmbH
Postfach 101462
70013 Stuttgart

SECO Accessoires GmbH
Postfach 1363
95635 Tirschenreuth

Union Knopf GmbH
Postfach
33687 Bielefeld

WO FINDE ICH WAS?